NEUE Käsekuchen

Rezepte

Oda Tietz

Weltbild

Inhalt

Käsekuchen-Kreationen

Käsekuchen und Kästetorten sind eine Zierde für jede Kaffeetafel, sie zergehen auf der Zunge, und ihr Duft ist betörend. Genießer kommen voll auf ihre Kosten.
Es gibt sie in vielen Variationen: mit köstlichen und farbenfrohen Früchten, mit feinen Konfitüren, mit Mandeln, Mohn, Schokolade, Sahne und Likör. Verzuckerte Blüten, Streusel oder Baiser sind das Tüpfelchen auf dem i.
Stets willkommen sind aber auch Klassiker wie Dresdner Eierschecke, Klecksel- oder Spiegeleierkuchen. Lassen Sie sich von den Rezepten in diesem Buch verführen, und scheuen Sie sich nicht, auch Neues zu probieren.
Ihre Gäste werden es Ihnen danken!

Viel Freude beim Backen und Genießen
wünscht Ihnen

Oda Tietz

Kleine Käsekuchen-Kunde

Für leckere Käsekuchen und Käsetorten sind die besten Zutaten gerade gut genug. Die Quarkmasse wird bei vielen Rezepten mit Sahne, Schmant, Frischkäse und Ricotta verfeinert. Was bei den Zutaten zu beachten ist, erfahren Sie hier – außerdem gibt es ein paar Tipps zum Variieren und Dekorieren.

Die wichtigsten Zutaten

Alle Zutaten sollten frisch sein und vor Backbeginn in Reichweite stehen. Wiegen Sie die Zutaten ab. Falls nicht extra angegeben, sollten sie alle die gleiche Temperatur haben.

Speisequark ist ein Frischkäse, der aus dickgelegter Milch hergestellt wird. Der Handel bietet ihn in unterschiedlichen Fettstufen, vom Magerquark bis zum Sahnequark, an. Er ist von weicher und streichfähiger Konsistenz und sehr eiweißreich. Je mehr Fett der Quark enthält, desto cremiger und feiner ist er. Für die angegebenen Rezepte wurde Sahnequark (40 Prozent Fett) verwendet. Wer das Backwerk weniger gehaltvoll wünscht, kann auch zur geringeren Fettstufe (20 Prozent) greifen oder Magerquark verwenden, wenn im Rezept noch Sahne verwendet wird. Quark sollte für die Kuchen, Torten und Füllungen stets abgetropft verwendet werden. Dafür legt man ein feines Sieb mit einem feuchten Mulltuch aus und hängt es über eine Schüssel. Dann den Quark einfüllen, mit Klarsichtfolie abdecken und an einem kühlen Ort drei bis vier Stunden abtropfen lassen. Danach sollte der trockene Quark durch ein Sieb gestrichen werden. Dann ist er locker und lässt sich gut weiterverarbeiten.

Jogurt wird in der Regel aus pasteurisierter Kuhmilch zubereitet, die mit Milchsäurebakterien angereichert wird. Im Handel gibt es verschiedene Fettstufen: Magerjogurt (max. 0,5 Prozent Fett), fettarmer Jogurt (1,5 Prozent Fett) und Vollmilchjogurt (3,5 Prozent Fett). Für die angegebenen Rezepte wurde Vollmilchjogurt verwendet.

Schmant ist ein löffelfester Sauerrahm mit mindestens 20 Prozent Fett.

Doppelrahm-Frischkäse ist etwas fester als Quark, sehr streichfähig und sahnig-mild im Geschmack. Fettgehalt: 60 bis 85 Prozent.

Ricotta ist ein italienischer Frischkäse mit etwa 20 Prozent Fett. Für die Rezepte wurde cremiger Ricotta verwendet.

Schlagsahne hat einen Fettgehalt von mindestens 30 Prozent. Je höher der Fettgehalt, desto mehr Volumen bekommt die Sahne beim Schlagen. Und sie bleibt fester in der Konsistenz.

Tipps rund um Käsekuchen

Eine **Garprobe** ist ratsam, besonders bei höheren Kuchen. Dafür ein Holzstäbchen in den Teig stechen: Wenn beim Herausziehen kein Teig mehr daran haftet, ist der Kuchen durchgebacken.

Teigböden lassen sich leicht trennen, wenn mit einem kleinen spitzen Messer die einzelnen Schichten markiert werden. Dafür den Boden an den entsprechenden Stellen ringsum einen Zentimeter tief einschneiden. Mit einem Tortenschneider lässt sich der Boden schnell teilen. Wer keinen Tortenschneider besitzt, kann sich mit reißfestem Faden helfen. Einfach den Faden um die Einschnitte legen, die Enden überkreuzen und den Boden mit straff gespanntem Faden teilen. Biskuitböden sollte man möglichst über Nacht stehen lassen, sie lassen sich dann besser durchschneiden. Sollten sie beim Schneiden dennoch einen Riss bekommen, kann man diesen mit etwas Eiweiß kitten.

Mit **Marmelade, Konfitüre** oder **Gelees** lassen sich Käsekuchen und Käsetorten verfeinern. Wenn keine Kinder mitessen, kann man die Kuchen mit **Likör**, **Obstgeist** oder **Rum** veredeln. Mal dient die Marmelade als Füllung, mal als Überzug über Früchten, mal aromatisiert sie die Creme.

Gelatine gibt Cremes und Schlagsahne die nötige Stabilität. Wichtig: Sie darf nicht zu stark erhitzt werden, denn dann verliert sie ihre gelierende Wirkung.

Mit **Quarkcreme** gefüllte Kuchen lassen sich leichter schneiden, wenn man das Messer zwischendurch in heißes Wasser taucht und abtrocknet.

Pistazien, Mandeln, Walnüsse, Haselnüsse, geröstet, gemahlen oder geraspelt, verfeinern Teige und Füllungen und sind obendrein eine hübsche Garnitur auf Sahne, Cremes und Glasuren.

Verzuckerte Blüten geben den Kuchen und Torten Pfiff. Die Herstellung erfordert zwar etwas Zeit, das Ergebnis jedoch ist beachtlich. Käsekuchen und Käsetorten lassen sich aber auch mit Rosenlikör, Rosenmarmelade, Holunderblüten und Holunderblütensaft verfeinern. Bei der Verwendung von essbaren Blüten ist darauf zu achten, nur ungespritzte zu verwenden.

Marzipanrosen sehen auf Käsetorten besonders dekorativ aus. Dafür 400 Gramm Marzipan-Rohmasse mit 200 Gramm gesiebtem Puderzucker verkneten und zwischen zwei Lagen Frischhaltefolie dünn ausrollen. Mit den Händen einzelne Blütenblätter formen und zu einer Blüte zusammensetzen. Wer rote oder rosa Rosen haben möchte, gibt 1 bis 2 Tropfen rote Lebensmittelfarbe zur Marzipanmasse. Für grüne Blätter und Blütenstiele fügt man einem Teil der Marzipanmasse 1 bis 2 Tropfen grüne Lebensmittelfarbe zu und formt daraus Blätter, Stiele und Ranken.

Schoko-Deko

Kuvertüre eignet sich gut für Glasuren, sie bleibt glänzend, wenn sie nach dem Abkühlen ein weiteres Mal geschmolzen und erst dann aufgestrichen wird. Um Verzierungen aus der Kuvertüre zu bereiten, füllen Sie geschmolzene Kuvertüre auf ein Backblech und schaben mit einem Spatel davon kleine Röllchen ab. Die Masse eignet sich auch zum Ausstechen mit kleinen Formen wie Herzen oder Kleeblättern. Schokoraspel lassen sich mit Hilfe einer groben Reibe herstellen. Die Kuvertüre sollte dafür gut gekühlt sein. Hübsch sind auch Schokoladenfrüchte: Tauchen Sie Erdbeeren, Weintrauben, Kirschen, Ananasstücke usw. in geschmolzene Kuvertüre. Danach auf einem Kuchengitter den Überzug erstarren lassen.

Käsekuchen
cremig und saftig

In diese saftigen, köstlich duftenden Käsekuchen beißt man gern hinein. Die Herstellung ist unkompliziert, egal, ob man die Kuchen mit frischen Früchten der Saison, mit Konfitüre, Mus, Streuseln, Mohn, Rosinen oder Nüssen verfeinert. Rosenzucker, Rosenlikör oder Holunderblütensirup verleihen den Kuchen ein besonderes Aroma. Da wird sogar ein schlichter Picknickkuchen zu einem Glanzstück.

Kleckselkuchen

→ Foto Seite 6

Für 1 Backblech

Für den Teig
500 g Mehl
30 g Hefe
100 g Zucker
1/4 l Milch
1 Prise Salz
50 g Butterschmalz

Für die Quarkmasse
100 g Rosinen
4 EL Rum
500 g abgetropfter Quark
2 Eigelb
50 g weiche Butter
125 g Zucker
2 EL Milch
1 EL Speisestärke
2 EL Zitronensaft

Für die Mohnmasse
50 g Butter
200 g gemahlener Mohn
1/8 l Milch
3 EL Semmelbrösel
100 g Zucker

Für den Belag
4 Äpfel
2 EL Zitronensaft

Für die Streusel
150 g Mehl
150 g Zucker
150 g Butterschmalz

1 Das Mehl in eine Schüssel sieben und in die Mitte eine Vertiefung drücken. Die Hefe zerbröckeln, mit 1 Teelöffel Zucker in etwas lauwarmer Milch verrühren, in die Vertiefung gießen und mit etwas Mehl vom Rand mischen. Den Vorteig zugedeckt an einem warmen Ort 20 Minuten gehen lassen.

2 Den restlichen Zucker, das Salz sowie das Butterschmalz in Stückchen auf den Mehlrand geben. Die Zutaten von der Mitte her zu einem glatten Teig verkneten, dabei die restliche Milch zugeben. Nochmals 30 Minuten gehen lassen.

3 Für die Quarkmasse die Rosinen waschen und mit Rum beträufeln. Den Quark durch ein Sieb streichen. Eigelb, Butter und Zucker schaumig schlagen. Milch und Speisestärke verrühren, mit dem Quark unter die Eigelbmasse geben. Zitronensaft und Rumrosinen zufügen. Die Masse schlagen, bis sie cremig ist.

4 Für die Mohnmasse die Butter zerlassen, Mohn und Milch unterrühren. Zum Kochen bringen, 5 Minuten köcheln lassen, dabei weiter rühren. Mit Semmelbröseln und Zucker noch einmal aufkochen, danach auskühlen lassen. Mehrmals umrühren, damit sich keine Haut bildet.

5 Ein Backblech einfetten. Den Teig auf bemehlter Fläche ausrollen, auf das Blech legen, einen Rand hochziehen und den Boden mehrmals mit einer Gabel einstechen. Mit einem Esslöffel abwechselnd Quark- und Mohnmasse darauf »klecksen«.

6 Den Backofen auf 200 °C (Gas Stufe 3, Umluft 180 °C) vorheizen. Die Äpfel schälen, vierteln und in Spalten schneiden, dabei das Kerngehäuse entfernen. Die Äpfel mit Zitronensaft beträufeln und zwischen den Quark- und Mohnklecksen verteilen.

7 Für die Streusel Mehl und Zucker vermischen. Butterschmalz zugeben, zu Streuseln verarbeiten und auf den Kuchen streuen. Etwa 35 Minuten backen, herausnehmen und abkühlen lassen.

Runder Käsekuchen
mit Äpfeln

Für 1 Springform mit 26 cm Ø

Für den Teig
150 g Mehl
50 g Zucker
1 Prise Salz
1 Pck. Vanillezucker
1/2 TL abgeriebene Zitronenschale
100 g kalte Butter

Für den Belag
100 g Rosinen
4 EL Rum
1/2 Pck. Vanille-Puddingpulver
100 g Zucker
1/4 l Milch
200 g abgetropfter Quark
100 g Schmant
1 Ei
1 TL abgeriebene Zitronenschale
750 g Äpfel
2 EL Zitronensaft
30 g gehackte Mandeln
100 g Aprikosenkonfitüre
1 EL Obstgeist

1 Das Mehl in eine Schüssel sieben, in die Mitte eine Vertiefung drücken. Zucker, Salz, Vanillezucker, Zitronenschale und die Butter in Stücken hineingeben. Mit Mehl bedecken. Die Zutaten von der Mitte her zu einem glatten Teig verkneten. 30 Minuten kalt stellen.

2 Den Backofen auf 200 °C (Gas Stufe 3, Umluft 180 °C) vorheizen. Eine Springform einfetten, den Teig auf bemehlter Fläche ausrollen, in die Form legen und etwas andrücken. Den Boden mit einer Gabel mehrmals einstechen und 10 Minuten vorbacken. Danach die Temperatur auf 180 °C (Gas Stufe 2–3, Umluft 160 °C) reduzieren.

3 Für den Belag die Rosinen waschen und mit Rum beträufeln. Das Puddingpulver mit dem Zucker in etwas kalter Milch verrühren. Die restliche Milch zum Kochen bringen, das angerührte Puddingpulver einrühren, aufwallen lassen, vom Herd nehmen und auskühlen lassen. Dabei ab und zu umrühren, damit sich keine Haut bildet. Quark, Schmant, Ei, Rosinen und Zitronenschale unterrühren.

4 Die Äpfel schälen, in Spalten schneiden, dabei das Kerngehäuse entfernen. Mit Zitronensaft beträufeln. Die Quarkmasse auf den vorgebackenen Teig streichen, die Apfelspalten darauf anordnen und mit den Mandeln bestreuen. Den Kuchen weitere 25 Minuten backen. Aprikosenkonfitüre durch ein Sieb streichen, erwärmen, mit dem Obstgeist verrühren und den Kuchen damit bestreichen.

Tipp

Verwenden Sie säuerliche Äpfel, z. B. Boskop oder Gravensteiner. Damit die geschälten, in Spalten geschnittenen Äpfel nicht braun werden, sollten sie stets mit Zitronensaft beträufelt werden.

Kiwi-Käsekuchen

Für 1 Backblech

Für den Teig
4 Eier
175 g Zucker
1 Pck. Vanillezucker
100 g Mehl
100 g Speisestärke
2 TL Backpulver

Für den Belag
100 g Aprikosenkonfitüre
3 EL Aprikosengeist
6 Blatt weiße Gelatine
2 Eier
300 g Ricotta
1 Pck. Vanillezucker
100 g Zucker
300 g Sahne
12 Kiwis
1 Pck. heller Tortenguss

1 Den Backofen auf 180 °C (Gas Stufe 2–3, Umluft 160 °C) vorheizen. Die Eier trennen. Eigelb mit 4 Esslöffeln warmem Wasser, Zucker und Vanillezucker cremig rühren. Das Eiweiß steif schlagen und auf die Eigelbmasse geben. Mehl, Speisestärke und Backpulver vermischen, auf die Eigelbcreme sieben und unterheben.

2 Ein Backblech mit Backpapier belegen, den Teig darauf glatt streichen. Im vorgeheizten Backofen etwa 20 Minuten backen. Herausnehmen und auskühlen lassen.

3 Aprikosenkonfitüre durch ein Sieb streichen, mit 1 Esslöffel Aprikosengeist verrühren, den Biskuitboden damit bestreichen.

4 Die Gelatine in kaltem Wasser einweichen. Die Eier trennen. Eigelb, Ricotta, Vanillezucker und Zucker verrühren. Den restlichen Aprikosengeist erwärmen, die ausgedrückte Gelatine darin auflösen und zur Ricottacreme geben. Sahne und Eiweiß getrennt steif schlagen, zuerst die Sahne, dann das Eiweiß unter die Ricottacreme ziehen.

5 Die Kiwis schälen, in Scheiben schneiden und die Hälfte auf dem Biskuitboden verteilen. Die Ricottacreme darübergeben, die restlichen Kiwischeiben darauf verteilen. Den Tortenguss nach Packungsanleitung bereiten und den Käsekuchen damit überziehen.

Heidelbeer-Käsekuchen

Für 1 Backblech

Für den Teig
200 g abgetropfter Quark
100 ml Milch
1 Ei
$^1/_8$ l Öl
1 Pck. Vanillezucker
1 Prise Salz
400 g Mehl
1 Pck. Backpulver

Für den Belag
1 kg Heidelbeeren
500 g abgetropfter Quark
125 g Sahne
2 Eier
30 g Speisestärke
200 g Zucker
1 TL abgeriebene Zitronenschale
2 EL Zitronensaft
1 Eigelb
400 g Schmant

Außerdem
50 g Mandelblättchen

1 Den Quark durch ein Sieb streichen. Milch, Ei, Öl, Vanillezucker und Salz unterrühren. Mehl und Backpulver vermischen, auf die Quarkmasse sieben und unterkneten.

2 Den Backofen auf 200 °C (Gas Stufe 3, Umluft 180 °C) vorheizen. Ein Backblech einfetten. Den Teig auf bemehlter Fläche ausrollen, auf das Blech legen und einen Rand hochziehen.

3 Die Heidelbeeren waschen und abtropfen lassen. Den Quark durch ein Sieb streichen. Sahne, 1 Ei, Speisestärke, 100 Gramm Zucker, Zitronenschale und Zitronensaft unterrühren. Die Quarkmasse auf den Teig streichen und mit den Heidelbeeren belegen.

4 Eigelb, Schmant, das zweite Ei und den restlichen Zucker verrühren, die Beeren damit überziehen. Den Kuchen im vorgeheizten Backofen etwa 35 Minuten backen.

5 Die Mandelblättchen in einer beschichteten Pfanne ohne Fett goldbraun rösten. Den fertigen Kuchen aus dem Ofen nehmen und noch warm mit den Mandelblättchen bestreuen.

Tipps

Als Belag eignen sich auch Kirschen, Äpfel, Stachelbeeren, Rhabarber oder Johannisbeeren. Besonders gut schmeckt der Kuchen, wenn er über Nacht durchziehen kann.
Und eine ganz besondere Note bekommt der Käsekuchen, wenn Sie ihn nach dem Backen nicht nur mit den Mandelblättchen, sondern zusätzlich mit Rosenzucker (→ Seite 59) bestreuen.

Espresso-Käsekuchen

Für 1 Backblech

Für den Teig
200 g abgetropfter Quark
$1/8$ l Milch
1 Ei
$1/8$ l Öl
100 g Zucker
1 Pck. Vanillezucker
$1/2$ TL abgeriebene Zitronenschale
50 g gemahlene Haselnüsse
400 g Mehl
1 Pck. Backpulver

Für die Streusel
250 g Mehl
200 g Marzipan-Rohmasse
100 g Zucker
50 g Kakao
1 EL Kaffeelikör
200 g kalte Butter

Für die Füllung
6 Blatt weiße Gelatine
1 EL Instant-Espressopulver
600 g Ricotta
2 Eigelb
100 g Schmant
125 g Zucker
250 g Sahne
2 EL Kaffeelikör

Außerdem
Puderzucker zum Bestäuben

1 Den Quark durch ein Sieb in eine Schüssel streichen. Milch, Ei, Öl, Zucker, Vanillezucker, Zitronenschale und Nüsse zufügen und unterrühren. Mehl und Backpulver vermischen, sieben und untermengen.

2 Den Backofen auf 200 °C (Gas Stufe 3, Umluft 180 °C) vorheizen. Ein Blech einfetten. Den Teig auf bemehlter Fläche ausrollen, auf das Backblech geben und einen Rand hochziehen.

3 Für die Streusel das Mehl sieben und mit zerkleinertem Marzipan, Zucker, Kakao und Kaffeelikör vermischen. Die Butter in Stücken zugeben, alles zu Streuseln verarbeiten und auf dem Teig verteilen. In den Backofen schieben und etwa 25 Minuten backen.

4 Den Kuchen aus dem Backofen nehmen und auf einem Kuchengitter auskühlen lassen. In quadratische oder rechteckige Stücke schneiden, diese waagerecht durchschneiden.

5 Für die Füllung die Gelatine in kaltem Wasser einweichen. Espressopulver mit 4 Esslöffeln heißem Wasser aufgießen, etwas auskühlen lassen, Gelatine ausdrücken und darin auflösen. Ricotta, Eigelb, Schmant und Zucker verrühren, Espresso zugeben. Die Sahne steif schlagen und unterheben. Die unteren Kuchenhälften mit Kaffeelikör beträufeln und mit der Creme bestreichen. Die Kuchenhälften mit den Streuseln aufsetzen. Das Ganze mit Puderzucker bestäuben.

Variante
Der Kuchen schmeckt auch lecker mit einer Holundercreme-Füllung: $1/4$ Liter Milch mit 1 Päckchen Vanillezucker aufkochen. 4 Eigelb, $1/4$ Liter Holunderblütensirup (→ Seite 75), 50 Gramm Speisestärke und 80 Gramm Zucker verrühren, in die kochende Milch gießen, aufkochen und danach auskühlen lassen. 250 Gramm Quark einrühren. 400 Gramm Sahne steif schlagen und unterheben.

Birnen-Käsekuchen

Für 1 Backblech

Für den Teig
300 g Mehl
2 TL Backpulver
180 g Zucker
1 Pck. Vanillezucker
1 TL Zimt
1 Ei
1 Eigelb
180 g Butter
175 g gemahlene Mandeln

Für den Belag
1 1/2 kg Birnen
Saft von 1 Zitrone
4 Eier
150 g Zucker
30 g Speisestärke
500 g abgetropfter Quark
100 g gehackte Mandeln
50 g Butter

Außerdem
125 g Zartbitter-Kuvertüre

1 Mehl und Backpulver in eine Schüssel sieben, in die Mitte eine Vertiefung drücken. Zucker, Vanillezucker, Zimt, Ei und Eigelb hineingeben, die Butter in Stückchen sowie die Mandeln darauf verteilen. Mit Mehl vom Rand bedecken und von der Mitte her alles rasch zu einem glatten Teig verkneten. 30 Minuten kalt stellen.

2 Ein Backblech einfetten. Den Teig auf bemehlter Fläche ausrollen und auf das Backblech legen, dabei einen kleinen Rand hochziehen. Den Boden mit einer Gabel mehrmals einstechen. Den Backofen auf 200 °C (Gas Stufe 3, Umluft 180 °C) vorheizen.

3 Für den Belag die Birnen schälen, vierteln und das Kerngehäuse entfernen. Die Birnenviertel in Spalten schneiden und sofort mit Zitronensaft übergießen.

4 Die Eier trennen. Eigelb, Zucker und Speisestärke verrühren. Den Quark durch ein Sieb streichen und unterrühren. Das Eiweiß steif schlagen und unterheben.

5 Die Quarkmasse auf den Teig streichen, die Birnenspalten gleichmäßig darauf verteilen und mit den Mandeln bestreuen. Die Butter in Stückchen daraufsetzen.

6 Den Kuchen im vorgeheizten Backofen etwa 35 Minuten backen. Herausnehmen und auskühlen lassen. Die Kuvertüre im warmen Wasserbad schmelzen und den Kuchen mit Linien verzieren.

Käsekuchen ohne Boden

Für 1 Springform mit 26 cm Ø

Für den Teig

200 g Butter
200 g Zucker
1 Pck. Vanillezucker
6 Eier
1 TL abgeriebene Zitronenschale
4 EL Zitronensaft
1 Pck. Vanille-Puddingpulver
50 g Grieß
1 Pck. Backpulver
1 Prise Salz
125 g gehackte Mandeln
1 1/2 kg abgetropfter Quark

Außerdem

50 g zerlassene Butter
Puderzucker zum Bestäuben

1 Die Butter in eine Schüssel geben und schaumig rühren. Zucker und Vanillezucker dazugeben. Die Eier trennen. Das Eigelb unterrühren, Zitronenschale und Zitronensaft zufügen.

2 Den Backofen auf 180 °C (Gas Stufe 2–3, Umluft 160 °C) vorheizen. Puddingpulver, Grieß und Backpulver vermischen, mit dem Salz und den Mandeln zur Buttermasse geben. Den Quark durch ein Sieb streichen, zum Teig geben und alles glatt rühren. Das Eiweiß steif schlagen und unter den Teig heben.

3 Eine Springform einfetten, den Teig hineingeben und glatt streichen. Im vorgeheizten Backofen etwa 50 Minuten backen. Herausnehmen, mit Butter bestreichen und in der Form abkühlen lassen. Dann mit Puderzucker bestäuben.

Kandierte Rosenblütenblätter

2 Eiweiß leicht verquirlen, die frisch gepflückten, gereinigten Rosenblütenblätter damit bestreichen, das überflüssige Eiweiß abtropfen lassen. Dann die Blätter von beiden Seiten mit feinem Zucker (keinen Puderzucker verwenden) bestreuen. Im vorgeheizten Backofen bei 50 °C trocknen lassen. Dabei die Ofentür einen Spalt breit geöffnet lassen.

Tipp

Der Käsekuchen kann nach Belieben mit Sahneklecksen und kandierten Früchten verziert werden. Besonders festlich wirkt er, wenn er mit kandierten Rosenblütenblättern dekoriert wird (→ oben).

Feiner Käsekuchen
mit Rosinen

Für 1 Backblech

Für den Teig
450 g Mehl
30 g Hefe
100 g Zucker
1/4 l Milch
1 Ei
1 Pck. Vanillezucker
1 Prise Salz
80 g weiche Butter
2 EL getrocknete Holunderblüten (→ Seite 38)

Für den Belag
150 g Rosinen
6 EL Rum
1 1/2 kg abgetropfter Quark
6 Eier
1 Prise Salz
Schale und Saft von 1 unbehandelten Zitrone
250 g Zucker
1 Pck. Vanille-Puddingpulver
1 EL Rosenzucker (→ Seite 59)
250 g Sahne
100 g Rosengelee (→ Seite 60)

1 Das Mehl in eine Schüssel sieben, in die Mitte eine Vertiefung drücken. Die Hefe zerbröckeln, mit 1 Teelöffel Zucker in etwas lauwarmer Milch verrühren, in die Vertiefung gießen und mit etwas Mehl vom Rand mischen. Den Vorteig zugedeckt an einem warmen Ort 20 Minuten gehen lassen.

2 Auf dem Mehlrand den restlichen Zucker, das Ei, den Vanillezucker, das Salz, die Butter in Stückchen und die Holunderblüten verteilen. Von der Mitte her die Zutaten zu einem glatten Teig verkneten, dabei die restliche Milch zufügen. Nochmals 30 Minuten gehen lassen.

3 Für den Belag die Rosinen waschen und mit Rum beträufeln. Den Quark durch ein Sieb in eine Schüssel streichen. Die Eier trennen. Eigelb, Quark, Salz, Zitronenschale und Zitronensaft, Zucker, Puddingpulver und die Rumrosinen verrühren. Das Eiweiß mit dem Rosenzucker steif schlagen und unterheben. Die Sahne steif schlagen und ebenfalls unterheben.

4 Den Backofen auf 180 °C (Gas Stufe 2–3, Umluft 160 °C) vorheizen. Ein Backblech einfetten. Den Teig auf bemehlter Fläche ausrollen, auf das Blech legen, einen Rand hochziehen. Den Boden mit einer Gabel mehrmals einstechen. Die Quarkmasse daraufstreichen und den Kuchen etwa 45 Minuten backen.

5 Den Kuchen aus dem Ofen nehmen und in der Form auskühlen lassen. Das Rosengelee etwas erwärmen, in dünnen Linien über den Kuchen ziehen.

Tipp

Eines sollten Sie auf keinen Fall vergessen: Stechen Sie den Teig, sobald er auf dem Blech liegt, mehrmals mit einer Gabel ein. Mit dieser Technik wird verhindert, dass beim Backen Luftblasen entstehen und der Boden sich aufwölbt.

Rahmkuchen

Für 1 Springform mit 26 cm Ø

Für den Teig
150 g Mehl
1/2 TL Backpulver
60 g Zucker
1 Ei
80 g kalte Butter

Für den Belag
500 g abgetropfter Quark
200 g Schmant
200 g Zucker
6 Eier
40 g Speisestärke
500 g Sahne

Für die Streusel
125 g Butter
125 g Zucker
150 g Mehl
1 EL Kakao

Außerdem
2–3 EL Sahne
Puderzucker zum Bestäuben

1 Mehl und Backpulver vermischen, in eine Schüssel sieben, in die Mitte eine Vertiefung drücken. Zucker und Ei hineingeben, etwas Mehl vom Rand einrühren. Die Butter in Stücken darauf verteilen, mit Mehl bestäuben. Die Zutaten von der Mitte her zu einem glatten Teig verkneten.
30 Minuten kalt stellen. Den Backofen auf 180 °C (Gas Stufe 2–3, Umluft 160 °C) vorheizen.

2 Eine Springform einfetten. Den Teig auf bemehlter Fläche ausrollen, in die Form legen und einen Rand hochziehen. Den Boden mit einer Gabel mehrmals einstechen. 10 Minuten vorbacken.

3 Für den Belag den Quark durch ein Sieb streichen, mit dem Schmant verrühren. Zucker, Eier und Speisestärke dazugeben. Die Sahne steif schlagen und unterheben.

4 Butter, Zucker, Mehl und Kakao mischen und zu Streuseln verarbeiten. Die Quarkmasse auf den vorgebackenen Teig streichen, die Streusel darauf verteilen. Den Rahmkuchen noch weitere 30 Minuten backen.

5 Den fertigen Kuchen herausnehmen, sofort mit der Sahne beträufeln und mit Puderzucker bestäuben.

Tipp

Streusel werden knackiger, wenn sie vor dem Backen gekühlt werden. Sie können sie beispielsweise schon zu Beginn, noch vor dem Teig, zubereiten und in den Kühlschrank stellen. Zum Schluss werden sie einfach auf den Kuchen gestreut und kommen so kalt in den Ofen.

Aprikosen-Käsekuchen

Für 1 Backblech

Für den Teig
150 g abgetropfter Quark
6 EL Milch
6 EL Öl
1 Ei
80 g Zucker
1 Pck. Vanillezucker
30 g gemahlene Mandeln
1 Prise Salz
1 TL abgeriebene Zitronenschale
300 g Mehl
1 Pck. Backpulver
100 g Aprikosenkonfitüre

Für den Belag
200 g abgetropfter Quark
150 g Schmant
2 Eier
1 TL abgeriebene Zitronenschale
30 g Speisestärke
1 Pck. Vanillezucker
1 kg Aprikosen

Für die Streusel
250 g Mehl
250 g Zucker
1 EL Amaretto
200 g kaltes Butterschmalz
1 EL Kakao

1 Den Quark durch ein Sieb in eine Schüssel streichen und mit Milch, Öl, Ei, Zucker, Vanillezucker, Mandeln, Salz und Zitronenschale verrühren. Mehl und Backpulver in die Schüssel sieben und untermengen. Alles zu einem glatten Teig verkneten.

2 Ein Backblech einfetten. Den Teig auf bemehlter Fläche ausrollen und auf das Blech legen, einen Rand hochziehen. Den Teig mit der Aprikosenkonfitüre bestreichen.

3 Für den Belag den Quark durch ein Sieb streichen, mit Schmant, Eiern, Zitronenschale, Speisestärke und Vanillezucker verrühren. Die Quarkmasse auf die Konfitüre streichen.

4 Die Aprikosen überbrühen, abschrecken, kurz abkühlen lassen, dann die Haut entfernen. Die Aprikosen halbieren, entsteinen und mit der Rundung nach oben auf die Quarkmasse setzen.

5 Den Backofen auf 200 °C (Gas Stufe 3, Umluft 180 °C) vorheizen. Für die Streusel das Mehl in eine Schüssel sieben, mit Zucker und Amaretto vermischen. Butterschmalz in Stücken zugeben, alles zu Streuseln verarbeiten. Unter die Hälfte der Streusel den Kakao mengen.

6 Die hellen und dunklen Streusel abwechselnd in diagonalen Linien auf die Aprikosen streuen. Den Kuchen in den vorgeheizten Ofen schieben und etwa 35 Minuten backen. Herausnehmen und auf einem Kuchengitter abkühlen lassen.

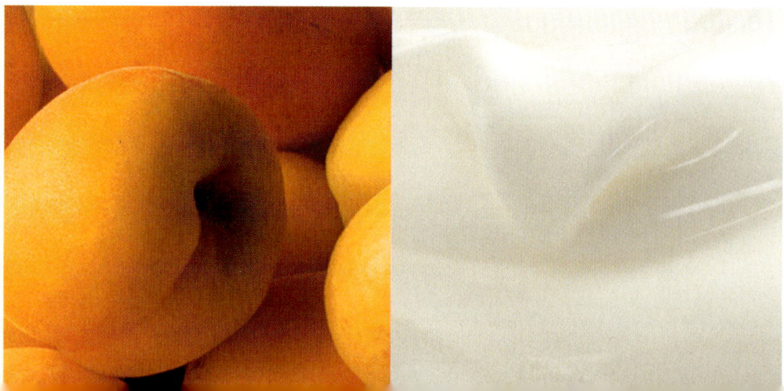

Johannisbeer-Käsekuchen

Für 1 Backblech

Für den Teig
500 g Mehl
30 g Hefe
100 g Zucker
1/4 l Milch
1 Ei
100 g Butter
50 g gehackte Mandeln
1 Pck. Vanillezucker

Für den Belag
1 kg Johannisbeeren
2 Eier
200 g abgetropfter Quark
300 g Doppelrahm-Frischkäse
2 EL Obstgeist
100 g Zucker
1 TL abgeriebene Zitronenschale
1/2 Pck. Vanille-Puddingpulver
1 Prise Salz

Für die Decke
4 Eier
1/2 Pck. Vanille-Puddingpulver
100 g Zucker
1/4 l Milch

1 Das Mehl in eine Schüssel sieben, in die Mitte eine Vertiefung drücken. Die Hefe zerbröckeln, mit 1 Teelöffel Zucker in etwas lauwarmer Milch verrühren, in die Vertiefung gießen und mit etwas Mehl vom Rand mischen. Den Vorteig zugedeckt an einem warmen Ort 20 Minuten gehen lassen.

2 Auf dem Mehlrand den restlichen Zucker, das Ei, die Butter in Stückchen, die Mandeln und den Vanillezucker verteilen. Von der Mitte her die Zutaten zu einem glatten Teig verkneten, dabei die restliche Milch zufügen. Nochmals 30 Minuten gehen lassen.

3 Ein Backblech einfetten. Den Teig auf bemehlter Fläche ausrollen, auf das Blech legen und einen Rand hochziehen. Den Boden mit einer Gabel mehrmals einstechen.

4 Für den Belag die Johannisbeeren waschen und von den Rispen streifen. Die Eier trennen. Den Quark durch ein Sieb streichen, Frischkäse, Obstgeist, Zucker und Zitronenschale unterrühren. Eigelb und Puddingpulver einrühren. Das Eiweiß mit dem Salz steif schlagen und unterheben.

5 Die Quarkmasse auf dem Teig verteilen, die Johannisbeeren daraufgeben. Den Backofen auf 200 °C (Gas Stufe 3, Umluft 180 °C) vorheizen.

6 Für die Decke die Eier trennen. Puddingpulver, Zucker und Milch unter Rühren zum Kochen bringen, vom Herd nehmen, etwas auskühlen lassen, das Eigelb zufügen. Eiweiß steif schlagen und unterheben. Die Masse auf den Johannisbeeren verteilen.

7 Den Kuchen etwa 35 Minuten backen. Darauf achten, dass die Kuchendecke nicht zu dunkel wird. Wenn nötig mit Alufolie abdecken.

Tipp

Bei Hefe ist zu beachten: Sie mag keine Zugluft und keine unmittelbare Berührung mit Salz, Fett und kalter Flüssigkeit.

Saftiger Käsekuchen
mit Aprikosen

Für 1 Backblech

Für den Teig
300 g Mehl
300 g gemahlene Mandeln
1 TL Zimt
300 g zerlassene Butter
175 g Zucker

Für den Belag
150 g weiche Butter
125 g Zucker
1 Pck. Vanillezucker
2 Eier
500 g abgetropfter Quark
3 EL Zitronensaft
1 kg Aprikosen

Außerdem
Puderzucker zum Bestäuben

1 Den Backofen auf 200 °C (Gas Stufe 3, Umluft 180 °C) vorheizen. Mehl, Mandeln, Zimt, Butter und Zucker zu Streuseln verarbeiten. Ein Backblech einfetten. Zwei Drittel der Streuselmasse auf das Backblech geben und festdrücken. Den Boden im vorgeheizten Backofen 10 Minuten vorbacken.

2 Für den Belag Butter, Zucker, Vanillezucker und Eier verrühren. Den Quark durch ein Sieb streichen, mit dem Zitronensaft unter die Butter-Zucker-Masse rühren.

3 Die Aprikosen waschen, halbieren, entsteinen und danach in 1 Zentimeter große Stücke schneiden.

4 Die Quarkmasse auf den vorgebackenen Teig streichen, die Aprikosenstücke gleichmäßig darauf verteilen. Die restlichen Streusel über die Aprikosen streuen. Den Kuchen im Ofen weitere 25 Minuten backen, dann herausnehmen und auf einem Kuchengitter auskühlen lassen. Mit Puderzucker bestäuben.

Tipp

Wer die Aprikosenschale im Kuchen nicht mag, kann die Aprikosen vor der Verarbeitung häuten. Dazu die Aprikosen kurz in kochendes Wasser geben, danach in kaltem Wasser abschrecken. Sobald sie ausgekühlt sind, kann die Haut leicht abgezogen werden.
Die gehäuteten Aprikosen werden weiterverarbeitet wie im Rezept beschrieben. Auf die Backzeit hat dies keinen Einfluss. – So lassen sich übrigens auch Pfirsiche leicht häuten.

Apfel-Käsekuchen
mit Marzipanstreuseln

Für 1 Backblech

Für den Teig
500 g Mehl
30 g Hefe
100 g Zucker
1/4 l Milch
50 g Zitronat
100 g weiche Butter
1 Ei
1 Prise Salz

Für den Belag
750 g Äpfel
2 EL Zitronensaft
250 g abgetropfter Quark
250 g Doppelrahm-Frischkäse
2 Eier
125 g Pflaumenmus
100 g Zucker
1/2 Pck. Vanille-Puddingpulver
50 g Rosinen
30 g Zitronat
50 g gehackte Mandeln

Für die Streusel
175 g Marzipan-Rohmasse
90 g Zucker
1 TL Zimt
200 g Mehl
200 g kalte Butter

Außerdem
100 g Sahne

1 Das Mehl in eine Schüssel sieben. In die Mitte eine Vertiefung drücken. Die Hefe zerbröckeln und mit 1 Teelöffel Zucker in etwas lauwarmer Milch verrühren, in die Vertiefung gießen und mit etwas Mehl vom Rand mischen. Den Vorteig zugedeckt an einem warmen Ort 20 Minuten gehen lassen.

2 Das Zitronat fein schneiden. Auf dem Mehlrand den restlichen Zucker, die Butter in Stückchen, Ei, Zitronat und Salz verteilen. Von der Mitte her die Zutaten zu einem glatten Teig verkneten, dabei die restliche Milch zufügen. Nochmals 30 Minuten gehen lassen.

3 Für den Belag die Äpfel schälen, vierteln und in Spalten schneiden, dabei das Kerngehäuse entfernen. Mit Zitronensaft beträufeln. Den Quark durch ein Sieb streichen, mit Frischkäse, Eiern, Pflaumenmus, Zucker und Vanille-Puddingpulver verrühren.

4 Ein Backblech einfetten. Den Teig auf bemehlter Fläche ausrollen, auf das Blech legen, einen Rand hochziehen und den Boden mit einer Gabel mehrmals einstechen. Den Backofen auf 200 °C (Gas Stufe 3, Umluft 180 °C) vorheizen.

5 Die Rosinen waschen und trockentupfen. Das Zitronat fein schneiden. Die Apfelspalten auf dem Teig anordnen, Mandeln, Rosinen und Zitronat aufstreuen. Die Quarkmasse aufstreichen. Für die Streusel das Marzipan zerkleinern und mit Zucker, Zimt, Mehl und Butter vermengen. Die Streusel auf die Quarkmasse streuen. Im vorgeheizten Backofen etwa 40 Minuten backen. Herausnehmen und mit flüssiger Sahne überziehen.

Variante

Sie können den Kuchen auch mit normalen Streuseln backen: Dann lassen Sie die Marzipan-Rohmasse weg und nehmen dafür insgesamt 200 Gramm Zucker.

Kirsch-Käsekuchen

Für 1 Backblech

Für den Teig
400 g Mehl
1 TL Backpulver
2 Eier
100 g Zucker
1 Prise Salz
2 EL Kakao
3 EL Milch
200 g kalte Butter

Für den Belag
1 kg Sauerkirschen
6 Eier
800 g Ricotta
100 ml Milch
250 g Zucker
1 Pck. Vanillezucker
125 g Mehl
50 g gehackte Mandeln

Außerdem
Puderzucker zum Bestäuben

1 Mehl und Backpulver vermischen, in eine Schüssel sieben, in die Mitte eine Vertiefung drücken. Eier, Zucker, Salz, Kakao und die Milch hineingeben. Die Butter in Stücken darauf verteilen, etwas Mehl vom Rand darübergeben. Die Zutaten von der Mitte her zu einem glatten Teig verkneten. 1 Stunde kalt stellen.

2 Ein Backblech einfetten. Den Teig auf bemehlter Fläche ausrollen, auf das Blech legen, einen Rand hochziehen. Den Boden mit einer Gabel mehrmals einstechen. Den Backofen auf 180 °C (Gas Stufe 2–3, Umluft 160 °C) vorheizen.

3 Für den Belag die Kirschen putzen, waschen und entsteinen. Werden Kirschen aus dem Glas verwendet, diese in einem Sieb abtropfen lassen. Den Saft anderweitig verwenden.

4 Die Eier trennen, Eigelb mit Ricotta, Milch, Zucker und Vanillezucker verrühren. Das Mehl sieben und untermischen. Eiweiß steif schlagen und vorsichtig unterheben.

5 Die Kirschen auf den Teig geben, mit den Mandeln bestreuen. Die Quarkcreme darauf verteilen und den Kuchen im vorgeheizten Ofen etwa 40 Minuten backen. Herausnehmen, auf einem Kuchengitter abkühlen lassen und mit Puderzucker bestäuben.

Tipp

Streut man normalen Puderzucker auf warmen oder feuchten Kuchen, schmilzt er. Daher muss man den Kuchen vorher immer auskühlen lassen. Eine praktische Alternative ist spezieller Zucker, der als Dekor-Schnee im Handel ist. Dieser schmilzt nicht und muss außerdem nicht extra gesiebt werden, da er in einer Streudose verkauft wird.

Knuspriger Käsekuchen

Für 1 Backblech

Für den Teig
600 g TK-Blätterteig

Für den Belag
500 g Brombeeren
2 Eier
200 g abgetropfter Quark
200 g Doppelrahm-Frischkäse
100 g Sahne
100 g Zucker
1 TL abgeriebene Zitronenschale

Außerdem
80 g Butter
125 g gemahlene Mandeln
2 EL Löwenzahnblütenhonig (→ rechts)

1 Den Blätterteig auftauen. Teilen und auf bemehlter Arbeitsfläche zwei Teigböden ausrollen. Ein Backblech mit Wasser abspülen, eine Teigplatte darauflegen. Mit einer Gabel mehrmals einstechen.

2 Die Brombeeren abbrausen und abtropfen lassen. Die Eier trennen. Eigelb mit Quark, Frischkäse, Sahne, Zucker und Zitronenschale verrühren. Das Eiweiß steif schlagen und unterziehen. Die Masse auf die Teigplatte streichen. Die Brombeeren darauf verteilen, etwas in die Quarkmasse eindrücken.

3 Den Backofen auf 200 °C (Gas Stufe 3, Umluft 180 °C) vorheizen. Die zweite Teigplatte auf die Quarkmasse legen. Die Ränder festdrücken und die Teigplatte mit einer Gabel mehrmals einstechen.

4 Die Butter erhitzen, Mandeln und Löwenzahnblütenhonig einrühren. Die obere Teigplatte damit bestreichen. Im vorgeheizten Backofen etwa 35 Minuten backen.

Löwenzahnblütenhonig

300–350 Gramm frisch gepflückte Löwenzahnblüten waschen, mit 2 in Scheiben geschnittenen Zitronen in 2 Liter Wasser aufkochen. 24 Stunden stehen lassen, danach durch ein Tuch abseihen. Die Flüssigkeit mit 2 Kilogramm Zucker etwa 1 Stunde lang kochen. Dabei öfter umrühren. Anschließend in vorbereitete Gläser füllen.

Fränkischer Käsekuchen

Für 1 Backblech

Für den Teig
500 g Mehl
35 g Hefe
100 g Zucker
1/4 l Milch
100 g weiche Butter
1 Prise Salz
2 Eier

Für den Belag
750 g abgetropfter Quark
3 Eier
100 g Sahne
125 g Zucker
1 TL abgeriebene Zitronenschale
1 kg Äpfel
2 EL Zitronensaft

Außerdem
2 1/2 EL Zucker
1/2 EL Zimt

1 Das Mehl in eine Schüssel sieben, in die Mitte eine Vertiefung drücken. Die Hefe zerbröckeln, mit 1 Teelöffel Zucker in etwas lauwarmer Milch verrühren. Die Hefemilch in die Vertiefung gießen und mit etwas Mehl vom Rand mischen. Den Vorteig zugedeckt an einem warmen Ort 20 Minuten gehen lassen.

2 Auf dem Mehlrand den restlichen Zucker, die Butter in Stückchen, Salz und Eier verteilen. Von der Mitte her die Zutaten zu einem glatten Teig verkneten, dabei die restliche Milch zufügen. Den Teig nochmals 30 Minuten gehen lassen.

3 Für den Belag den Quark durch ein Sieb streichen, mit Eiern, Sahne, Zucker und Zitronenschale verrühren. Die Äpfel schälen, vierteln und in Spalten schneiden, dabei das Kerngehäuse entfernen. Die Stücke sofort mit Zitronensaft beträufeln.

4 Den Backofen auf 200 °C (Gas Stufe 3, Umluft 180 °C) vorheizen. Ein Backblech einfetten. Den Teig auf bemehlter Fläche ausrollen, auf das Blech legen, einen Rand hochziehen und den Boden mit einer Gabel mehrmals einstechen.

5 Die Quarkmasse auf die Teigplatte streichen, darauf die Apfelspalten anordnen. Den Kuchen in den vorgeheizten Ofen schieben und etwa 45 Minuten backen. Zucker mit Zimt mischen und den fertigen Kuchen damit bestreuen, dafür kann er ruhig noch warm sein. Auf einem Kuchengitter abkühlen lassen.

Naumburger Käsekuchen

Für 1 Springform mit 26 cm Ø

Für den Krümelteig
250 g Mehl
150 g Zucker
1 Eigelb
4 EL Rum
150 g kalte Butter
1/2 Pck. Backpulver
1 Pck. Vanillezucker
1/2 TL Zimt

Für den Belag
5 Eier
125 g weiche Butter
150 g Zucker
1 Pck. Vanillezucker
50 g Grieß
1 TL abgeriebene Zitronenschale
750 g abgetropfter Quark
125 g Pflaumenmus (→ rechts)

Außerdem
Puderzucker zum Bestäuben

1 Mehl, Zucker, Eigelb, Rum, Butter, Backpulver, Vanillezucker und Zimt zu Krümeln verarbeiten und kalt stellen.

2 Eine Springform einfetten. Die Hälfte der Krümel einfüllen und etwas andrücken. Den Backofen auf 200 °C (Gas Stufe 3, Umluft 180 °C) vorheizen.

3 Für den Belag die Eier trennen. Die Butter schaumig rühren. Eigelb, Zucker, Vanillezucker, Grieß und Zitronenschale unterrühren. Den Quark durch ein Sieb streichen und zusammen mit dem Pflaumenmus untermengen. Das Eiweiß steif schlagen und unterheben.

4 Die Masse auf dem Krümelteig verteilen und mit den restlichen Krümeln bedecken. Im vorgeheizten Backofen etwa 35 Minuten backen. Mit Puderzucker bestäuben.

Pflaumenmus
2 1/2 Kilogramm entsteinte Pflaumen zerkleinern, mit 1 Teelöffel Zimt oder einem Stück Zimtstange und 1/2 Teelöffel gemahlenen Nelken vermischen. Die Masse in eine Fettpfanne geben und im Backofen bei mittlerer Hitze etwa 4 Stunden garen. Das Mus ist fertig, wenn es sich mit dem Kochlöffel teilen lässt und nicht sofort wieder zusammenfließt. Das fertige Mus in Steintöpfe füllen und auskühlen lassen. Die Töpfe mit Einkochfolie bedecken und zubinden.

Tipp

Stangenzimt ist gut zum Mitkochen geeignet, gemahlener Zimt für Cremes und Zimtzucker. Beide sollten in einer fest verschlossenen Dose und nicht länger als 12 Monate aufbewahrt werden. Sonst verflüchtigt sich der Geschmack.

Käsekuchen
mit Lavendel

Für 1 Backblech

Für den Teig
200 g abgetropfter Quark
$^1/_8$ l Milch
1 Ei
$^1/_8$ l Öl
80 g Zucker
1 Pck. Vanillezucker
400 g Mehl
2 TL Backpulver

Für die Füllung
$^1/_8$ l Milch
1 EL getrocknete Lavendelblüten
2 Pck. Vanille-Puddingpulver
125 g Zucker
1 Prise Salz
1 Pck. Vanillezucker
400 g Sahne
200 g Marzipan-Rohmasse
180 g gemahlene Mandeln
50 g Butter
2 Eier
2 Eigelb

Für die Streusel
250 g Mehl
250 g Zucker
1 Pck. Vanillezucker
2 EL Schmant
50 g Kakao
250 g kalte Butter

Außerdem
80 g weiße Kuvertüre

1 Den Quark durch ein Sieb in eine Schüssel streichen und mit Milch, Ei, Öl, Zucker und Vanillezucker verrühren. Mehl und Backpulver vermischen und unterrühren.

2 Ein Backblech einfetten. Die Hälfte des Teiges auf bemehlter Fläche ausrollen, auf das Backblech geben, einen Rand hochziehen.

3 Für die Füllung die Milch erhitzen, die Lavendelblüten hineingeben und 15 Minuten darin ziehen lassen. Durch ein Sieb gießen und abkühlen lassen. Dann in der Lavendelmilch das Vanille-Puddingpulver mit Zucker, Salz und Vanillezucker glatt rühren.

4 Die Sahne erhitzen, das angerührte Puddingpulver einrühren, mehrmals aufwallen lassen, dann vom Herd nehmen. Zerkleinerte Marzipan-Rohmasse, Mandeln, Butter, Eier und Eigelb in die Puddingmasse rühren. Den Teig damit bestreichen.

5 Den Backofen auf 200 °C (Gas Stufe 3, Umluft 180 °C) vorheizen. Den restlichen Teig ausrollen, auf die Füllung geben. Die Ränder ringsum etwas andrücken. Für die Streusel das Mehl sieben, Zucker, Vanillezucker, Schmant, Kakao und die Butter in Stücken zugeben. Alles mischen, zu Streuseln verarbeiten und auf den Teig streuen.

6 Den Kuchen etwa 35 Minuten backen, dann herausnehmen und auskühlen lassen. Die Kuvertüre schmelzen und den Kuchen mit feinen Linien überziehen.

Tipp

Die feinen Linien auf dem Backwerk lassen sich auch mit Zuckerguss zaubern. Verrühren Sie dafür 150 Gramm Puderzucker mit 1 Esslöffel Eiweiß.

Zupfkuchen

Für 1 Backblech

Für den Teig
- 250 g weiche Butter
- 200 g Zucker
- 3 Eier
- 1 Pck. Vanillezucker
- 600 g Mehl
- 1 Pck. Backpulver
- 3 EL Kakao

Für den Belag
- 1 kg abgetropfter Quark
- 250 g Zucker
- 1 TL abgeriebene Zitronenschale
- 4 Eier
- 250 g weiche Butter
- 2 Pck. Vanille-Puddingpulver
- 100 ml Milch

Außerdem
- Puderzucker zum Bestäuben

1 Die Butter schaumig rühren. Zucker, Eier und Vanillezucker dazugeben. Mehl und Backpulver sieben, Kakao untermischen, alles unter die Buttermasse mengen.

2 Ein Backblech einfetten. Zwei Drittel des Teiges auf bemehlter Fläche ausrollen, auf das Blech legen und einen Rand hochziehen. Den Backofen auf 180 °C (Gas Stufe 2–3, Umluft 160 °C) vorheizen.

3 Für den Belag den Quark durch ein Sieb in eine Schüssel streichen. Zucker, Zitronenschale, Eier und Butter untermengen. Puddingpulver und Milch verrühren und hinzufügen. Die Masse auf den Teig streichen.

4 Aus dem restlichen Teig kleine Stücke zupfen und auf der Quarkmischung verteilen. Den Kuchen etwa 40 Minuten backen. Herausnehmen und mit Puderzucker bestäuben.

Variante

Sieben Sie das Mehl grundsätzlich vor der Teigbereitung. Dann ist es aufgelockert und verbindet sich besser mit den übrigen Zutaten. Wenn Sie den Teig feinporiger und zarter haben möchten, ersetzen Sie einen Teil des Mehls (etwa $^{1}/_{4}$) durch Speisestärke. Beim Zupfkuchen verwenden Sie 450 Gramm Mehl und 150 Gramm Speisestärke.

Tipp

Backpulver hebt das Backwerk und macht es locker und luftig. Damit es seine Wirkung voll entfaltet, wird es mit Mehl und Speisestärke vermischt, bevor es zum Teig gegeben wird.

Thüringer Käsekuchen

Für 1 Backblech

Für den Teig
400 g Mehl
30 g Hefe
80 g Zucker
200 ml Milch
1 Prise Salz
100 g Butter
1 Ei

Für den Belag
500 g abgetropfter Quark
2 Eier
30 g Mehl
125 g Zucker
1 Pck. Vanillezucker
125 g Sahne
1 1/2 kg Pflaumen

Für die Decke
150 g Marzipan-Rohmasse
2 Eigelb
50 g Zucker
200 g Doppelrahm-Frischkäse
100 g Schmant
30 g gehackte Mandeln

1 Das Mehl in eine Schüssel sieben, in die Mitte eine Vertiefung drücken. Die Hefe zerbröckeln, mit 1 Teelöffel Zucker in etwas lauwarmer Milch verrühren. Die Hefemilch in die Vertiefung gießen und mit etwas Mehl vom Rand mischen. Den Vorteig zugedeckt an einem warmen Ort 20 Minuten gehen lassen.

2 Auf dem Mehlrand den restlichen Zucker, das Salz, die Butter in Stückchen sowie das Ei verteilen. Von der Mitte her die Zutaten zu einem glatten Teig verkneten, dabei die restliche Milch zugeben. Nochmals 30 Minuten gehen lassen.

3 Für den Belag den Quark durch ein Sieb streichen. Mit Eiern, Mehl, Zucker, Vanillezucker und Sahne verrühren. Die Pflaumen waschen, halbieren und entsteinen.

4 Den Backofen auf 200 °C (Gas Stufe 3, Umluft 180 °C) vorheizen. Ein Backblech einfetten. Den Teig auf bemehlter Fläche ausrollen, auf das Blech legen, einen Rand hochziehen. Den Boden mit einer Gabel mehrmals einstechen. Die Quarkmasse daraufstreichen. Die Pflaumen darauf dachziegelartig anordnen.

5 Marzipan-Rohmasse gut zerkleinern, mit Eigelb, Zucker, Frischkäse, Schmant und Mandeln verrühren, bis eine möglichst glatte, feine Masse entstanden ist. Die Pflaumen damit überziehen. Den Kuchen im vorgeheizten Backofen etwa 40 Minuten backen. Aus dem Ofen nehmen und auf einem Kuchengitter abkühlen lassen.

Quarkstrudel

Für 4 Strudel

Für den Strudelteig
1/4 l Milch
80 g Butter
80 g Zucker
500 g Mehl
1 Prise Salz
1 Ei

Für die Füllung
800 g abgetropfter Quark
2 Eier
100 g Zucker
1 Prise Salz
250 g Sahne
80 g Butter
100 g Sultaninen

Außerdem
1/8 l Milch
50 g Butter

1 Milch, Butter und Zucker in einen Topf geben, auf den Herd stellen und aufkochen lassen. Den Topf vom Herd nehmen und die Mischung abkühlen lassen.

2 Das Mehl in eine Schüssel sieben, das Salz zugeben, in die Mitte eine Vertiefung drücken. Das Ei und die Milchmischung hineingeben. Von der Mitte her die Zutaten verkneten. In 4 Stücke teilen und zugedeckt an einem warmen Ort 1 Stunde ruhen lassen.

3 Die Teigstücke jeweils auf einem Tuch ausrollen und über den Handrücken hauchdünn zu einem Rechteck ausziehen. Für die Füllung den Quark durch ein Sieb streichen, mit Eiern, Zucker, Salz und Sahne verrühren. Die Sultaninen waschen und trockentupfen.

4 Den Backofen auf 200 °C (Gas Stufe 3, Umluft 180 °C) vorheizen. Die Butter zerlassen und die Strudelblätter damit bepinseln. Mit der Quarkmasse bestreichen und mit Sultaninen bestreuen. Die schmalen Ränder über die Füllung klappen und die Strudel jeweils mit Hilfe des Tuches von der Längsseite her aufrollen.

5 Eine feuerfeste Form einfetten, die Strudel hineinlegen und im vorgeheizten Backofen 45 Minuten backen. Dabei ab und zu mit Milch und zerlassener Butter übergießen. Die fertigen Strudel herausnehmen, etwas abkühlen lassen und warm servieren. – Sie können auch völlig abkühlen und kalt gegessen werden.

Dresdner Eierschecke

Für 1 Backblech

Für den Teig
450 g Mehl
30 g Hefe
125 g Zucker
1/4 l Milch
100 g weiche Butter
1 Pck. Vanillezucker
1 Prise Salz
1 Ei

Für den Belag
1 kg abgetropfter Quark
150 g weiche Butter
300 g Zucker
8 Eier
1 Pck. Vanille-Puddingpulver
1 TL abgeriebene Zitronenschale
1 Prise Salz
50 g gemahlene Mandeln
30 g Speisestärke
3 EL Weinbrand

1 Das Mehl in eine Schüssel sieben, in die Mitte eine Vertiefung drücken. Die Hefe zerbröckeln, mit 1 Teelöffel Zucker in etwas lauwarmer Milch verrühren, in die Vertiefung gießen und mit etwas Mehl vom Rand mischen. Den Vorteig zugedeckt an einem warmen Ort 20 Minuten gehen lassen.

2 Auf dem Mehlrand den restlichen Zucker, die Butter in Stückchen, Vanillezucker, Salz und Ei verteilen. Von der Mitte her die Zutaten zu einem glatten Teig verkneten, dabei die restliche Milch zufügen. Nochmals 30 Minuten gehen lassen.

3 Für den Belag den Quark durch ein Sieb streichen. 100 Gramm Butter schaumig rühren, mit Quark, 200 Gramm Zucker, 3 Eiern, Puddingpulver, Zitronenschale, Salz und Mandeln verrühren.

4 Ein Backblech einfetten. Den Teig auf bemehlter Fläche ausrollen, auf das Blech legen und einen Rand hochziehen. Den Boden mit einer Gabel mehrmals einstechen. Die Quarkmasse aufstreichen. Den Backofen auf bei 180 °C (Gas Stufe 2–3, Umluft 160 °C) vorheizen.

5 Die Speisestärke mit dem restlichen Zucker, 5 Eiern und der restlichen Butter verrühren. Den Weinbrand zufügen. Die Masse im heißen Wasserbad schlagen, bis sie cremig ist. Die Creme auf der Quarkmasse verteilen. Im vorgeheizten Backofen etwa 40 Minuten backen. Die Oberhitze reduzieren oder ausschalten, damit die Eiercreme nicht zu dunkel wird.

Tipp

Bei der Dresdner Eierschecke kommt es darauf an, dass die Eiercreme hell bleibt. Kontrollieren Sie daher den Kuchen beim Backen und decken Sie ihn notfalls mit Alufolie ab. Dies geht übrigens einfacher, wenn Sie nicht mit Umluft backen, da durch das Gebläse die Alufolie leicht wegfliegt.

Rhabarber-Käsekuchen

Für 1 Backblech

Für den Teig
400 g Mehl
2 TL Backpulver
225 g Zucker
1 Pck. Vanillezucker
1 Prise gemahlene Nelken
2 Eier
250 g kalte Butter
150 g gemahlene Mandeln

Für den Belag
1 kg Rhabarber
1 EL Weißwein
1 Pck. Vanille-Puddingpulver
1 EL Speisestärke
200 g Zucker
1/2 l Milch
1 TL abgeriebene Zitronenschale
400 g Schmant
2 Eier
100 g Mandelblättchen

Für die Streusel
200 g Mehl
200 g Zucker
30 g gehackte Mandeln
1 EL Sahne
200 g kalte Butter

Außerdem
4–5 EL Holunderblütensirup (→ Seite 75) zum Beträufeln
Puderzucker zum Bestäuben

1 Mehl und Backpulver vermischen, in eine Schüssel sieben, in die Mitte eine Vertiefung drücken. Zucker, Vanillezucker, Nelken und Eier hineingeben. Mit etwas Mehl vom Rand verrühren. Die Butter in Stückchen darauf verteilen, die Mandeln daraufstreuen und alles mit Mehl bedecken. Die Zutaten von der Mitte her zu einem glatten Teig verkneten. 30 Minuten kalt stellen.

2 Den Rhabarber putzen, waschen, in Stücke schneiden. Mit dem Weißwein in einen Topf füllen, 2 Minuten dünsten. Vom Herd nehmen und abkühlen lassen. Puddingpulver, Speisestärke und Zucker in der Hälfte der Milch verrühren.

3 Die restliche Milch zum Kochen bringen, die Puddingmischung einrühren, mehrmals aufwallen lassen, vom Herd nehmen. Auf Zimmertemperatur abkühlen lassen. Zitronenschale, Schmant und Eier unterrühren.

4 Den Backofen auf 200 °C (Gas Stufe 3, Umluft 180 °C) vorheizen. Ein Backblech einfetten. Den Teig auf bemehlter Fläche ausrollen, auf das Blech geben, einen Rand hochziehen. Den Boden mit einer Gabel mehrmals einstechen, mit den Mandelblättchen bestreuen und den Rhabarber darauf verteilen. Das Ganze mit der Quarkmasse überziehen.

5 Für die Streusel Mehl, Zucker, Mandeln und Sahne vermischen. Die Butter in Stücken zugeben, alles zu Streuseln verarbeiten und auf die Quarkmasse streuen. Den Kuchen etwa 35 Minuten backen. Herausnehmen, auskühlen lassen, dann mit Holunderblütensirup beträufeln und mit Puderzucker bestäuben.

Schwäbischer Käsekuchen

Für 1 Springform mit 26 cm Ø

Für den Teig
150 g Mehl
1/2 TL Backpulver
70 g Zucker
1 Pck. Vanillezucker
1 Ei
70 g kalte Butter

Für den Belag
6 Eier
500 g abgetropfter Quark
125 g saure Sahne
250 g Zucker
80 g Rosinen
1 TL abgeriebene Zitronenschale
2 EL Zitronensaft
1 Prise Salz
50 g Speisestärke
100 g zerlassene Butter

Außerdem
Puderzucker zum Bestäuben

1 Mehl und Backpulver vermischen, in eine Schüssel sieben, in die Mitte eine Vertiefung drücken. Zucker, Vanillezucker und das Ei hineingeben und mit etwas Mehl vermischen. Die Butter in Stücken darauf verteilen und mit etwas Mehl bedecken. Die Zutaten von der Mitte her zu einem glatten Teig verkneten. 30 Minuten kalt stellen.

2 Eine Springform einfetten. Den Backofen auf 200 °C (Gas Stufe 3, Umluft 180 °C) vorheizen. Für den Belag die Eier trennen. Den Quark durch ein Sieb streichen, mit Eigelb, saurer Sahne und Zucker verrühren. Die Rosinen waschen und trockentupfen. Mit Zitronenschale, Zitronensaft, Salz, Speisestärke und Butter unter die Quarkmasse rühren. Das Eiweiß steif schlagen und unterheben.

3 Den Teig ausrollen, in die Form legen, den Boden mit einer Gabel mehrmals einstechen. Die Quarkmasse daraufgeben und glatt streichen. Den Kuchen im vorgeheizten Backofen etwa 40 Minuten backen. Herausnehmen und auf einem Kuchengitter auskühlen lassen. Dann den Kuchen mit Puderzucker bestäuben.

Variante
Fügen Sie dem Belag eine Messerspitze Zimt zu. Zimt verfeinert mit seinem kräftig würzigen und leicht herben Geschmack Backwerk, Kompott oder Desserts, muss aber vorsichtig dosiert werden.

Tipp

Eier sind leicht verderblich. Daher sollten Sie Eier grundsätzlich über einer Tasse aufschlagen, bevor Sie sie mit den anderen Zutaten mischen: Hat das Eigelb eine kugelige Form und ist das Eiweiß dickflüssig, ist das Ei frisch. Wenn nicht, sollten Sie es umgehend entsorgen.

Käsekuchen
mit Cassisgelee

Für 1 Springform mit 26 cm Ø

Für den Teig
180 g Mehl
60 g Zucker
1 Prise Salz
1 Eigelb
100 g kalte Butter

Für den Belag
4 Pfirsiche
60 g gemahlene Mandeln
130 g Zucker
3 Eier
400 g Ricotta
100 g Schmant
1 TL abgeriebene Zitronenschale

Für das Gelee
3 Blatt rote Gelatine
1/8 l Cassis (schwarzer Johannisbeerlikör)
150 g Johannisbeergelee

1 Das Mehl in eine Schüssel sieben, in die Mitte eine Vertiefung drücken. Zucker, Salz, Eigelb und 1 Esslöffel Wasser hineingeben. Etwas Mehl vom Rand zufügen, einen Brei bereiten. Die Butter in Stücken darauf verteilen, mit etwas Mehl bedecken. Die Zutaten von der Mitte her zu einem glatten Teig verkneten. 30 Minuten kalt stellen.

2 Den Backofen auf 200 °C (Gas Stufe 3, Umluft 180 °C) vorheizen. Eine Springform einfetten. Den Teig auf bemehlter Fläche ausrollen, in die Form geben und den Boden mit einer Gabel mehrmals einstechen. Im vorgeheizten Backofen 10 Minuten vorbacken. Danach die Hitze auf 180 °C (Gas Stufe 3, Umluft 160 °C) reduzieren.

3 Die Pfirsiche überbrühen und die Haut abziehen, danach halbieren und entsteinen. Mandeln mit 30 Gramm Zucker vermischen und auf den Teig streuen. Die Pfirsichhälften mit der Rundung nach oben darauflegen.

4 Die Eier trennen. Ricotta, Schmant und restlichen Zucker verrühren. Eigelb und Zitronenschale hinzufügen. Das Eiweiß steif schlagen und unterheben. Die Creme über den Früchten verteilen und den Kuchen etwa 45 Minuten backen. Herausnehmen und auskühlen lassen.

5 Die Gelatine in kaltem Wasser einweichen. Den Cassis mit 50 Millilitern Wasser aufkochen. Vom Herd nehmen, etwas abkühlen lassen, die ausgedrückte Gelatine darin auflösen, dann das Johannisbeergelee einrühren. Sobald die Masse zu gelieren beginnt, mit einem Esslöffel auf der Ricottacreme verteilen.

Tipp

So lassen sich Pfirsiche leicht häuten: Die Haut obenauf mit einem scharfen Messer kreuzweise einritzen, die Früchte kurz in kochendes Wasser tauchen und danach sofort in kaltem Wasser abschrecken. Danach wird die Haut abgezogen.

Fruchtiger Käsekuchen

Für 1 Backblech

Für den Teig
400 g Mehl
30 g Hefe
80 g Zucker
200 ml Milch
1 Prise Salz
1 Pck. Vanillezucker
1 Ei
80 g weiche Butter
3 EL getrocknete Holunderblüten (→ Tipp)

Für den Belag
30 g Zitronat
500 g abgetropfter Quark
2 Eier
30 g Speisestärke
100 g Sahne
150 g Zucker
1 Pck. Vanillezucker
50 g Mandelstifte
1 1/2 kg entsteinte Sauerkirschen

Für die Decke
400 g Schmant
4 Eier
30 g Speisestärke
80 g Zucker

Außerdem
2 EL Zucker
1 TL Zimt

1 Das Mehl in eine Schüssel sieben, in die Mitte eine Vertiefung drücken. Die Hefe zerbröckeln, mit 1 Teelöffel Zucker in etwas lauwarmer Milch verrühren, in die Vertiefung gießen und mit etwas Mehl vom Rand mischen. Den Vorteig zugedeckt an einem warmen Ort 20 Minuten gehen lassen.

2 Auf dem Mehlrand den restlichen Zucker, Salz, Vanillezucker, Ei, die Butter in Stückchen und die Holunderblüten verteilen. Die Zutaten von der Mitte her zu einem glatten Teig verkneten, dabei die restliche Milch zugeben. Nochmals 30 Minuten gehen lassen.

3 Den Backofen auf 200 °C (Gas Stufe 3, Umluft 180 °C) vorheizen. Das Zitronat fein schneiden. Den Quark durch ein Sieb streichen. Eier, Speisestärke, Sahne, Zucker, Vanillezucker und Zitronat unterrühren. Die Mandeln in einer Pfanne ohne Fett goldbraun rösten.

4 Ein Backblech einfetten. Den Teig auf bemehlter Fläche ausrollen, auf das Blech legen und einen Rand hochziehen. Den Boden mit einer Gabel mehrmals einstechen. Die Quarkmasse daraufstreichen und mit Sauerkirschen belegen. Mit den Mandelstiften bestreuen.

5 Für die Decke Schmant, Eier, Speisestärke und Zucker verrühren. Auf den Sauerkirschen verteilen. Den Kuchen im vorgeheizten Backofen etwa 40 Minuten backen. Herausnehmen und abkühlen lassen. Zucker und Zimt mischen und den Kuchen damit bestreuen.

Tipp

Getrocknete Holunderblüten eignen sich als Gewürz für Backwerk und Desserts. Hängen Sie die Blütendolden an einem trockenen Ort auf eine Wäscheleine. So bleiben Geschmack und Farbe erhalten. Werden Holunderblüten im Liegen getrocknet, büßen sie an Geschmack ein und werden farblos.

Spiegeleierkuchen
Magdeburger Art

Für 1 Backblech

Für den Teig
250 g weiche Butter
200 g Zucker
1 Pck. Vanillezucker
4 Eier
4 EL Milch
350 g Mehl
2 TL Backpulver

Für den Belag
1 kg abgetropfter Quark
1/8 l Öl
1/8 l Milch
200 g Zucker
1 Pck. Vanille-Puddingpulver
1200 g Pfirsiche

Außerdem
2 Pck. heller Tortenguss

1 Die Butter schaumig rühren. Nach und nach Zucker, Vanillezucker, Eier und Milch einrühren. Mehl und Backpulver vermischen, sieben und allmählich der Butter-Zucker-Masse hinzufügen. Ein Backblech einfetten, den Teig daraufgeben und glatt streichen.

2 Den Quark durch ein Sieb streichen und in eine Schüssel geben. Öl, Milch, Zucker und Puddingpulver einrühren. Die Masse gleichmäßig auf den Teig streichen. Den Backofen auf 180 °C (Gas Stufe 2–3, Umluft 160 °C) vorheizen.

3 Die Pfirsiche mit heißem Wasser überbrühen, danach mit kaltem Wasser abschrecken und die Haut abziehen. Die Pfirsiche halbieren und entsteinen. Die Pfirsichhälften mit der Rundung nach oben in gleichmäßigen Reihen auf dem Teig verteilen.

4 Den Kuchen in den vorgeheizten Backofen schieben und etwa 40 Minuten backen. Herausnehmen und auf einem Kuchengitter abkühlen lassen.

5 Den Tortenguss nach Packungsanleitung anrühren, den Spiegeleierkuchen damit überziehen. Kalt stellen. Zum Servieren den Kuchen so aufschneiden, dass die Stücke wie Spiegeleier aussehen.

Limetten-Käsekuchen

Für 1 Backblech

Für den Teig
250 g abgetropfter Quark
1/8 l Milch
2 Eier
1/8 l Öl
100 g Zucker
1 Prise Salz
1 Pck. Vanillezucker
450 g Mehl
1 Pck. Backpulver

Für die Streusel
250 g Mehl
50 g gehackte Mandeln
2 EL Sahne
250 g Zucker
50 g Kakao
250 g kalte Butter

Für die Füllung
8 Blatt weiße Gelatine
4 Eier
1 EL abgeriebene Limettenschale
1/8 l Limettensaft
125 g Zucker
300 g abgetropfter Quark
1/8 l Eierlikör
400 g Sahne

1 Den Quark durch ein Sieb in eine Schüssel streichen. Mit Milch, Eiern, Öl, Zucker, Salz und Vanillezucker verrühren. Mehl und Backpulver vermischen, sieben und untermengen.

2 Den Backofen auf 200 °C (Gas Stufe 3, Umluft 180 °C) vorheizen. Ein Backblech einfetten. Den Teig auf bemehlter Fläche ausrollen, auf das Backblech legen und einen Rand hochziehen.

3 Für die Streusel das Mehl sieben. Mandeln, Sahne, Zucker und Kakao untermischen, die Butter in Stücken zugeben, alles zu Streuseln verarbeiten und auf den Teig streuen. Den Kuchen etwa 25 Minuten backen, herausnehmen und auskühlen lassen. Dann in Stücke schneiden, die Stücke waagerecht teilen.

4 Für die Füllung die Gelatine in kaltem Wasser einweichen. Die Eier trennen. Eigelb, Limettenschale, Limettensaft und Zucker verrühren, im heißen Wasserbad cremig rühren. Ausgedrückte Gelatine zugeben und rühren, bis sie sich aufgelöst hat. Quark und Eierlikör hinzufügen, dann die Creme kalt stellen.

5 Sobald die Creme fest wird, Sahne und Eiweiß getrennt steif schlagen, zuerst Sahne, dann Eiweiß unterheben. Die Kuchenstücke damit füllen. Kalt stellen.

Schmant-Nuss-Kuchen

Für 1 Kastenform

Für den Teig
200 g weiche Butter
150 g Zucker
2 Pck. Vanillezucker
3 Eier
1 Prise Salz
200 ml Schmant
300 g Mehl
2 TL Backpulver

Außerdem
125 g Zucker
1 TL Zimt
200 g gehackte Pecannüsse
1 EL Zucker
1/2 TL Zimt

1 Den Backofen auf 200 °C (Gas Stufe 3, Umluft 180 °C) vorheizen. Eine Kastenform einfetten und mit Mehl ausstäuben.

2 Butter, Zucker und Vanillezucker schaumig rühren. Eier, Salz und Schmant dazugeben und unterrühren. Mehl und Backpulver vermischen, sieben und einrühren.

3 Ein Drittel des Teiges in die Kastenform füllen. Zucker, Zimt und Pecannüsse vermischen. Ein Drittel der Nussmischung auf den Teig streuen. Darauf das zweite Drittel Teig streichen und wieder mit der Nussmischung bestreuen. Alles mit dem restlichen Teig bedecken und mit der restlichen Nussmischung bestreuen.

4 Den Kuchen in den vorgeheizten Backofen schieben und etwa 40 Minuten backen. Herausnehmen, Zucker mit Zimt mischen und den noch warmen Kuchen damit bestreuen. Dann ganz auskühlen lassen.

Tipp

Anstelle von Pecannüssen kann man auch Walnüsse verwenden. Pecannüsse sind jedoch aromatischer und süßer als Walnüsse. Sie sollten kühl gelagert werden. Bei Zimmertemperatur halten sie sich etwa zwei Monate, sie lassen sich aber auch einfrieren.
Wenn Sie die Pecannüsse jedoch in der Schale kaufen, können Sie sie bis zu einem Jahr aufbewahren. Sie sind leichter zu knacken als Walnüsse. Um die Weihnachtszeit sind Pecannüsse am besten zu bekommen – in gut sortierten Supermärkten.

Quarkstollen
mit Marzipan

Für 1 Stollen

Für den Teig
200 g Sultaninen
6 EL Rum
400 g Mehl
4 TL Backpulver
125 g Zucker
1 TL abgeriebene Zitronenschale
1 Prise Zimt
1 Prise Kardamom
2 Eier
250 g abgetropfter Quark
150 g weiche Butter
1 EL Zitronat
1 EL Orangeat
150 g gehackte Mandeln
40 g gehackte Pistazien

Für die Füllung
100 g Puderzucker
250 g Marzipan-Rohmasse

Außerdem
100 g Butter
100 g Puderzucker

1 Sultaninen waschen und mit Rum beträufeln. Mehl und Backpulver vermischen und in eine Schüssel sieben. In die Mitte eine Vertiefung drücken. Zucker, Zitronenschale, Zimt, Kardamom und Eier hineingeben und mit Mehl vermischen.

2 Quark und Butter in den Teig einarbeiten. Zitronat und Orangeat fein schneiden. Die Sultaninen trockentupfen, in Mehl wälzen und zusammen mit Zitronat, Orangeat, Mandeln und Pistazien unterkneten. Den Teig 1 Stunde kühl stellen.

3 Den Backofen auf 200 °C (Gas Stufe 3, Umluft 180 °C) vorheizen. Puderzucker auf die Arbeitsfläche sieben, die Marzipan-Rohmasse darauf dünn ausrollen. Den Teig auf bemehlter Fläche ebenfalls ausrollen und die Marzipanplatte darauflegen. Den Teig mit dem Marzipan aufrollen und in Stollenform bringen.

4 Ein Backblech einfetten, den Stollen mit der Naht nach unten darauflegen. Im vorgeheizten Backofen etwa 60 Minuten backen. Den fertigen Stollen aus dem Ofen nehmen, sofort mit Butter bestreichen und mit Puderzucker bestäuben.

Tipp

Sie können anstelle der Mandeln auch gehackte Haselnüsse verwenden. Wenn sie vor dem Verarbeiten in einer Pfanne ohne Fett geröstet werden, schmecken sie noch aromatischer. Mit dieser Methode lassen sich auch andere Nussarten noch zusätzlich aromatisieren.

Picknickkuchen

Für 1 Napfkuchenform

Für den Teig
100 g Rosinen
4 EL Rum
150 g Butter
200 g Zucker
1 EL Rosenzucker (➔ Seite 59)
1 Prise Salz
1 TL abgeriebene Zitronenschale
3 Eier
250 g abgetropfter Quark
2 EL saure Sahne
400 g Mehl
1 Pck. Backpulver

Außerdem
Semmelbrösel für die Form
2 EL Rosenlikör (➔ rechts)
200 g Puderzucker
1–2 EL Zitronensaft
10 g weiche Butter

1 Den Backofen auf 200 °C (Gas Stufe 3, Umluft 180 °C) vorheizen. Rosinen waschen und mit Rum beträufeln.

2 Die Butter schaumig rühren. Zucker, Rosenzucker, Salz, Zitronenschale, Eier, Quark und saure Sahne unterrühren. Mehl und Backpulver vermischen, darübersieben und unterheben. Die Rosinen in Mehl wälzen und zum Teig geben.

3 Eine Napfkuchenform einfetten und mit Semmelbröseln ausstreuen. Den Teig einfüllen, glatt streichen und im vorgeheizten Backofen etwa 45 Minuten backen.

4 Den Kuchen herausnehmen, auf ein Kuchengitter stürzen und mit Rosenlikör beträufeln. Puderzucker sieben, mit Zitronensaft und Butter verrühren. Den heißen Kuchen damit glasieren. Dann vollständig abkühlen lassen.

Rosenlikör
200 frisch gepflückte, stark duftende Rosenblütenblätter in eine Porzellanschüssel legen und mit 1/4 Liter kochendem Wasser übergießen. Die Blätter sollen knapp bedeckt sein. Die Schüssel abdecken und die Rosenblätter 12 Stunden ziehen lassen. Dann abseihen und das Rosenwasser in einem Topf auffangen. 150 Gramm Zucker zufügen und alles unter Rühren erhitzen, dann den Topf vom Herd nehmen. Sobald die Flüssigkeit erkaltet ist, 1/2 Liter Korn und 4 Zentiliter Weinbrand angießen und verrühren. Den Likör in vorbereitete Flaschen füllen und gut verschlossen 4 Wochen kühl und trocken lagern. Danach ist der Rosenlikör gebrauchsfertig.

Feiner Kastenkuchen
mit Mandeln

Für 1 Kastenform

Für den Teig
100 g weiche Butter
180 g Zucker
1 Prise Salz
1 TL abgeriebene Zitronenschale
4 Eier
300 g abgetropfter Quark
100 ml Milch
250 g Mehl
50 g Speisestärke
1 Pck. Backpulver
125 g gemahlene Mandeln

Außerdem
Semmelbrösel für die Form
50 g Mandelblättchen
200 g Puderzucker
2 EL Himbeersaft
2 EL Himbeergeist

1 Den Backofen auf 200 °C (Gas Stufe 3, Umluft 180 °C) vorheizen. Butter, Zucker, Salz und Zitronenschale schaumig schlagen. Eier, Quark und Milch einrühren. Mehl, Speisestärke und Backpulver vermischen, auf die Quarkmasse sieben und unter den Teig rühren. Zum Schluss die Mandeln unterheben.

2 Eine Kastenform einfetten, mit Semmelbröseln ausstreuen, den Teig hineingeben und glatt streichen. Im vorgeheizten Backofen etwa 45 Minuten backen. Herausnehmen und auskühlen lassen.

3 Die Mandelblättchen in einer Pfanne ohne Fett goldbraun rösten. Puderzucker sieben, mit Himbeersaft und Himbeergeist verrühren. Den Kuchen damit überziehen und sofort die Mandeln daraufstreuen. Kühl stellen und den Guss fest werden lassen.

Variante
Geeignet ist auch ein Überzug aus weißer oder dunkler Kuvertüre. Dafür 150 Gramm Kuvertüre im heißen Wasserbad schmelzen und mit 1 Teelöffel Öl verrühren. Durch das Öl wird die Kuvertüre schön glatt und glänzend. Danach nach Belieben mit Mandelblättchen bestreuen.
Sie können den Kuchen auch mit leicht erwärmtem Johannisbeergelee überziehen und danach mit gerösteten Mandelblättchen bestreuen.

Käsetorten
für Genießer

Diese fantasievollen, mit Aprikosen, Kirschen, Holunder oder Weintrauben herausgeputzten Tortenkreationen sind eine Augenweide. Da muss man einfach zulangen, zumal wenn sie mit feinem Gelee oder mit verzuckerten Blüten gekrönt wurden. Doch nicht nur für die Augen, auch für den Gaumen sind diese Torten ein wunderbarer Genuss.

Käsetorte
mit Rosengelee

→ Foto Seite 46
Für 2 Springformen mit 26 cm Ø

Für den 1. Boden
150 g Mehl
1 TL Backpulver
70 g Zucker
1 Eigelb, 1 EL Milch
100 g kalte Butter
2 EL Rosengelee (→ Seite 60)

Für den 2. Boden
4 Eier, 150 g Zucker
1 Prise Salz
1 Pck. Vanillezucker
80 g Buchweizenmehl
30 g Speisestärke
1 EL Instant-Kaffeepulver
2 EL Rosenlikör (→ Seite 44)

Für die Creme
250 g Aprikosen (aus der Dose)
2 EL Zitronensaft
6 Blatt weiße Gelatine
4 Eier, 100 g Puderzucker
250 g abgetropfter Quark
100 g Schmant
2 EL Rosenlikör
250 g Sahne

Außerdem
125 g Doppelrahm-Frischkäse
15 g Puderzucker
150 g Crème double
Kandierte Rosenblütenblätter (→ Seite 15)

1 Das Mehl mit dem Backpulver vermischen, sieben, in die Mitte eine Vertiefung drücken. Zucker, Eigelb und Milch hineingeben, etwas Mehl vom Rand einrühren. Die Butter in Stücken darauf verteilen, mit etwas Mehl bedecken. Von der Mitte her die Zutaten zu einem glatten Teig verkneten. 30 Minuten kalt stellen.

2 Den Backofen auf 200 °C (Gas Stufe 3, Umluft 180 °C) vorheizen. Eine Springform einfetten. Den Teig ausrollen und in die Springform legen, den Boden mit einer Gabel mehrmals einstechen. Im vorgeheizten Backofen etwa 12 Minuten backen. Herausnehmen und auskühlen lassen. Mit Rosengelee bestreichen. Die Backofentemperatur auf 180 °C (Gas Stufe 3, Umluft 160 °C) reduzieren.

3 Für den zweiten Boden die Eier trennen. Eigelb, Zucker, Salz und Vanillezucker schaumig rühren. Das Eiweiß steif schlagen, auf die Eigelbmasse geben. Mit dem Buchweizenmehl und der Speisestärke unterheben. Kaffeepulver unterziehen.

4 Eine zweite Springform mit Backpapier auslegen, den Teig einfüllen, etwa 25 Minuten backen. Den Boden herausnehmen und auskühlen lassen. Dann waagerecht durchschneiden und beide Hälften mit Rosenlikör beträufeln.

5 Für die Creme die Aprikosen abtropfen lassen, dabei den Saft auffangen. Die Aprikosen mit 2 Esslöffeln Aprikosensaft und dem Zitronensaft pürieren. Gelatine in kaltem Wasser einweichen. Die Eier trennen. Eigelb und Puderzucker cremig rühren, Aprikosenpüree dazugeben. Den Quark durch ein Sieb streichen und mit dem Schmant in die Eigelbmasse einrühren. Rosenlikör erwärmen, die ausgedrückte Gelatine darin auflösen, zur Creme geben. Sobald die Masse zu gelieren beginnt, die Sahne steif schlagen und unterziehen.

6 Den ersten Boden auf eine Tortenplatte legen. Einen der Buchweizenböden darauf legen, mit der Creme bestreichen. Den zweiten Buchweizenboden auflegen. Frischkäse mit Puderzucker verrühren. Crème double hinzufügen. Die Torte damit bestreichen und mit kandierten Rosenblütenblättern verzieren.

Käsetorte
mit Holundergelee

Für 1 Springform mit 26 cm Ø

Für den Teig
- 100 g weiche Butter
- 200 g Zucker
- 1 TL abgeriebene Orangenschale
- 3 Eier
- 1 Prise Salz
- 125 g Mehl
- 100 g gemahlene Mandeln
- 1 EL Orangenlikör
- 50 g Mandelblättchen

Für die Creme
- 4 Blatt weiße Gelatine
- 2 Eier
- 100 g abgetropfter Quark
- 300 g Doppelrahm-Frischkäse
- 2 EL Zucker
- 4 EL Zitronensaft
- 2 EL Orangenlikör
- 250 g Sahne

Außerdem
- 250 g Holundergelee (→ rechts)
- 250 g Sahne
- 1 Pck. Vanillezucker
- 50 g Zucker
- 1 Pck. Sahnesteif
- 50 g gehackte Pistazien

1 Den Backofen auf 180 °C (Gas Stufe 2–3, Umluft 160 °C) vorheizen. Butter, Zucker und Orangenschale schaumig rühren. Eier und Salz zugeben. Das Mehl sieben, mit den Mandeln unterrühren. Den Likör unterziehen. Eine Springform einfetten, den Teig einfüllen und mit den Mandelblättchen bestreuen. Etwa 30 Minuten backen. Herausnehmen, auskühlen lassen und waagerecht durchschneiden.

2 Für die Creme die Gelatine in kaltem Wasser einweichen. Die Eier trennen. Den Quark durch ein Sieb streichen, mit Eigelb, Frischkäse, Zucker und Zitronensaft verrühren. Den Orangenlikör leicht erwärmen, die abgetropfte Gelatine darin auflösen und unter die Quarkmasse ziehen. Kalt stellen.

3 Sobald die Masse fest wird, Sahne und Eiweiß getrennt steif schlagen und nacheinander unterziehen. 30 Minuten kalt stellen.

4 Den unteren Teigboden mit der Hälfte des Holundergelees und der Creme bestreichen. Den oberen Boden aufsetzen und mit der anderen Hälfte Holundergelee und Creme bestreichen. Sahne mit Vanillezucker, Zucker und Sahnesteif steif schlagen. In einen Spritzbeutel mit Lochtülle füllen und die Torte damit verzieren. In die Tortenmitte Pistazien streuen.

Holundergelee

500 Gramm Holunderbeeren von den Stielen streifen. 600 Gramm weiche Birnen schälen, vierteln und das Kerngehäuse entfernen. Beeren und Birnen in einen Topf geben, 10 Minuten köcheln lassen, durch ein Sieb geben. So viel Orangensaft (etwa 100 Milliliter) auffüllen, dass $1/2$ Liter Fruchtmasse entsteht. 1 Teelöffel abgeriebene Zitronenschale, 500 Gramm Zucker und 1 Prise Zimt zugeben. Die Masse unter Rühren kochen, bis die Gelierprobe zeigt, dass sie fest wird. Vom Herd nehmen. 6 Esslöffel Portwein und 1 Esslöffel Zitronensaft zugeben und in vorbereitete Gläser füllen.

Pfirsich-Käsetorte

Für 1 Tortenring mit 26 cm Ø

Für den Boden
125 g gemahlene Haselnüsse
200 g Pumpernickel
150 g Zartbitter-Kuvertüre
1 TL Öl

Für die Creme
6 Blatt weiße Gelatine
2 Eier
1 TL abgeriebene Zitronenschale
3 EL Zitronensaft
100 g Zucker
500 g Ricotta
1 Prise Salz
300 g Sahne
1 Pck. Vanillezucker

Außerdem
1 Dose Pfirsiche (Abtropfgewicht 490 g)
1 Pck. heller Tortenguss
200 g Sahne
1 TL Sahnesteif
30 g gehackte Pistazien
15 g halbierte Pistazien

1 Haselnüsse in einer Pfanne ohne Fett anrösten. Pumpernickel fein zerkleinern, ebenfalls anrösten. Kuvertüre zerkleinern, im heißen Wasserbad schmelzen. Haselnüsse und Pumpernickel untermischen und alles gut verrühren.

2 Einen Tortenring auf eine Tortenplatte legen, den Boden mit Öl bestreichen. Die Nuss-Schoko-Masse hineingeben und glatt streichen.

3 Für die Creme die Gelatine in kaltem Wasser einweichen. Die Eier trennen. Eigelb, Zitronenschale, Zitronensaft und Zucker im heißen Wasserbad cremig rühren. Gelatine ausdrücken, unter die Eigelbmasse rühren. Den Ricotta hinzufügen.

4 Eiweiß mit Salz steif schlagen. Sahne mit Vanillezucker steif schlagen. Sahne und Eischnee unter die Käsecreme heben. Die Creme auf den Boden streichen und 1 Stunde kalt stellen.

5 Die Pfirsiche abtropfen lassen, dabei den Saft auffangen. Pfirsiche in Spalten schneiden, auf der Käsetorte anordnen. Tortenguss nach Packungsanleitung zubereiten, dafür den Pfirsichsaft verwenden. Die Pfirsiche mit dem Guss überziehen.

6 Die Sahne mit dem Sahnesteif steif schlagen, in einen Spritzbeutel mit Sterntülle füllen und die Torte damit dekorieren. Zum Schluss die Pistazien aufstreuen.

Tipp

Anstelle der Pfirsiche können Sie auch Aprikosen aus der Dose oder frische Erdbeeren, Himbeeren oder Brombeeren verwenden.
Für die frischen Früchte bereiten Sie den Tortenguss mit Wasser zu.

Frucht-Käsetorte

Für 2 Springformen mit 26 cm Ø

Für den ersten Boden
150 g Mehl
30 g Kakao
1 TL Backpulver
50 g Zucker
1 Pck. Vanillezucker
2 Eigelb
1 EL Milch
100 g kalte Butter
125 g Himbeerkonfitüre

Für den zweiten Boden
6 Eier
150 g Zucker
1 Pck. Vanillezucker
100 g Mehl
75 g Speisestärke
40 g Kakao

Für die Creme
750 g Heidelbeeren aus dem Glas
6 Blatt weiße Gelatine
200 g abgetropfter Quark
200 g Doppelrahm-Frischkäse
125 g Zucker
1 TL abgeriebene Zitronenschale
4 EL Zitronensaft
400 g Sahne

Außerdem
Geraspelte weiße Schokolade zum Garnieren

1 Für den ersten Teigboden Mehl, Kakao und Backpulver vermischen, in eine Schüssel sieben, in die Mitte eine Vertiefung drücken. Zucker, Vanillezucker, Eigelb und Milch hineingeben, etwas Mehl vom Rand zufügen, einen Brei bereiten. Die Butter in Stückchen daraufgeben, mit etwas Mehl bestäuben. Von der Mitte her die Zutaten zu einem glatten Teig verkneten. 30 Minuten kalt stellen.

2 Den Backofen auf 180 °C (Gas Stufe 2–3, Umluft 160 °C) vorheizen. Eine Springform einfetten. Den Mürbeteig ausrollen, in die Form legen, den Boden mit einer Gabel mehrmals einstechen. Die Form in den Ofen schieben und etwa 10 Minuten backen.

3 Für den zweiten Teigboden die Eier trennen. Eigelb mit 3 Esslöffeln warmem Wasser schaumig schlagen, Zucker und Vanillezucker unterrühren. Das Eiweiß steif schlagen, auf die Eigelbmasse geben. Mehl, Speisestärke und Kakao darübersieben. Alles unter die Eigelbmasse ziehen.

4 Den Boden einer zweiten Springform mit Backpapier auslegen, den Teig einfüllen und etwa 25 Minuten backen. Herausnehmen und auskühlen lassen.

5 Die Teigböden aus der Form nehmen, vom Biskuitboden das Backpapier abziehen. Den Mürbeteigboden mit Himbeerkonfitüre bestreichen, den Biskuitboden aufsetzen.

6 Die Heidelbeeren in einem Sieb abtropfen lassen, dabei den Saft auffangen. Die Gelatine in kaltem Wasser einweichen. Den Quark durch ein Sieb in eine Schüssel streichen. Mit Frischkäse, Zucker, Zitronenschale und Zitronensaft verrühren. Die ausgedrückte Gelatine in 4 Esslöffeln leicht erwärmtem Heidelbeersaft auflösen, zur Quarkmasse geben und gut untermischen.

7 Zwei Drittel der Heidelbeeren in die Quarkmasse einrühren. Kalt stellen. Sobald die Masse etwas fester wird, die Sahne steif schlagen und unterheben. Die Creme auf den Tortenboden geben, die restlichen Heidelbeeren darauf verteilen. Kalt stellen. Vor dem Servieren mit geraspelter Schokolade garnieren.

Beeren-Käsetorte

Für 1 Springform mit 26 cm Ø

Für den Teig
4 Eier
150 g Zucker
1 Pck. Vanillezucker
1 Prise Salz
100 g Mehl
50 g Speisestärke
40 g Kakao
1 TL Backpulver
50 g zerlassene Butter

Für die Creme
4 Blatt weiße Gelatine
300 g abgetropfter Quark
300 g Jogurt
100 g Zucker
2 Pck. Vanillezucker
2 EL Zitronensaft
2 EL Himbeergeist
250 g Sahne
300 g Himbeeren

Außerdem
250 g Johannisbeergelee (→ rechts)
100 g geraspelte Zartbitterschokolade
500 g Beerenobst (Erdbeeren, Brombeeren, Heidelbeeren)

1 Den Backofen auf 180 °C (Gas Stufe 2–3, Umluft 160 °C) vorheizen. Die Eier trennen. Eigelb mit 2 Esslöffeln warmem Wasser schaumig schlagen. Zucker und Vanillezucker zufügen. Das Eiweiß mit dem Salz steif schlagen und auf die Eigelbmasse geben. Mehl, Speisestärke, Kakao und Backpulver vermischen, auf Eischnee sieben, mit Butter unterheben.

2 Eine Springform mit Backpapier auslegen, den Teig hineingeben und im vorgeheizten Backofen etwa 25 Minuten backen. Herausnehmen, auskühlen lassen. Den Boden waagerecht durchschneiden.

3 Für die Creme die Gelatine in kaltem Wasser einweichen. Den Quark durch ein Sieb streichen, mit Jogurt, Zucker, Vanillezucker und Zitronensaft verrühren. Die Gelatine ausdrücken, in erwärmtem Himbeergeist auflösen und unter die Quarkmasse rühren. Die Sahne steif schlagen und unterheben. Die Hälfte der Creme kalt stellen.

4 Die Himbeeren unter fließendem Wasser kurz waschen, abtropfen lassen, pürieren und zum Cremerest geben. Zwei Stunden kalt stellen.

5 Beide Böden mit jeweils einem Drittel des Johannisbeergelees bestreichen. Den unteren Boden mit der Himbeercreme bestreichen, den anderen Boden daraufgeben und alles rundum mit der hellen Quarkcreme bestreichen. Den Rand der Torte mit geraspelter Schokolade verzieren.

6 Die Beeren waschen und putzen, die Erdbeeren halbieren. Die Torte damit dekorieren. Das restliche Johannisbeergelee leicht erwärmen und die Beeren damit überziehen.

Johannisbeergelee
So lässt sich Johannisbeergelee schnell selbst herstellen: Verrühren Sie 250 Gramm Zucker mit 2 Esslöffeln Zitronensaft, 50 Gramm Himbeeren und 250 Millilitern frisch gepresstem Johannisbeersaft so lange, bis sich der Zucker aufgelöst hat. Danach geben Sie die Flüssigkeit in gut schließende Gläser. Nach 2 bis 3 Tagen hat das Gelee die nötige Konsistenz.

Käsetorte
mit Holunderbeeren

Für 1 Springform mit 26 cm Ø

Für den Teig
175 g Mehl
1 TL Backpulver
70 g Zucker
1 Pck. Vanillezucker
1 Prise Salz
1 Ei
90 g Butter

Für den Belag
600 g Holunderbeeren
4 Eier
250 g abgetropfter Quark
200 g Ricotta
100 g saure Sahne
100 g Zucker
1/2 Pck. Vanille-Puddingpulver
1 TL abgeriebene Zitronenschale
30 g gemahlene Mandeln

Außerdem
Puderzucker zum Bestäuben

1 Mehl und Backpulver vermischen und in eine Schüssel sieben. In die Mitte eine Vertiefung drücken. Zucker, Vanillezucker, Salz und Ei hineingeben und mit etwas Mehl vom Rand zu einem weichen Brei vermischen. Die Butter in Stücken darauf verteilen und von der Mitte her alles gut zu einem glatten Teig verkneten. Mindestens 30 Minuten kalt stellen.

2 Den Backofen auf 200 °C (Gas Stufe 3, Umluft 180 °C) vorheizen. Eine Springform einfetten.

3 Den Teig auf bemehlter Fläche ausrollen, in die Form legen und einen Rand hochziehen. Den Boden mit einer Gabel mehrmals einstechen. Im vorgeheizten Backofen 10 Minuten vorbacken. Danach die Hitze auf 180 °C (Gas Stufe 2, Umluft 160 °C) reduzieren.

4 Holunderbeeren waschen, vorsichtig abstreifen und mit einem Küchentuch trockentupfen. Die Eier trennen. Den Quark durch ein Sieb in eine Schüssel streichen, mit Eigelb, Ricotta, saurer Sahne, 80 Gramm Zucker, Puddingpulver und Zitronenschale verrühren. Das Eiweiß steif schlagen und unter die Creme heben.

5 Die Mandeln mit dem restlichen Zucker vermischen, auf den vorgebackenen Teig streuen und die Holunderbeeren daraufgeben. Mit der Creme bedecken. Den Kuchen in den Ofen schieben und weitere 30 Minuten backen. Herausnehmen, auf einem Kuchengitter abkühlen lassen und mit Puderzucker bestäuben.

Käsetorte
mit Pfirsichen

Für 1 Springform mit 26 cm Ø

Für den Teig
6 Eier
200 g Zucker
125 g Mehl
75 g Speisestärke
2 gestr. TL Backpulver
75 g gemahlene Haselnüsse
1/2 TL abgeriebene Zitronenschale

Für die Creme
300 g Pfirsichkonfitüre
3 EL Orangensaft
300 g abgetropfter Quark
300 g Mascarpone
1 TL abgeriebene Zitronenschale
2 El Zitronensaft
2 EL Mandellikör

Außerdem
1 kg Pfirsiche
50 g gehackte Pistazien
100 g Orangengelee (→ rechts)

1 Den Backofen auf 180 °C (Gas Stufe 2–3, Umluft 160 °C) vorheizen. Die Eier trennen. Eigelb mit Zucker schaumig schlagen. Das Eiweiß steif schlagen, auf die Eigelbmasse geben. Mehl, Speisestärke und Backpulver vermischen und auf den Eischnee sieben. Die Haselnüsse aufstreuen. Alles mit der Zitronenschale unterheben.

2 Eine Springform mit Backpapier auslegen, den Teig einfüllen und glatt streichen. In den vorgeheizten Backofen schieben und etwa 25 Minuten backen. Herausnehmen, den Boden auf ein Kuchengitter geben und vollständig auskühlen lassen. Dann den Boden waagerecht durchschneiden.

3 Die Konfitüre mit dem Orangensaft verrühren, zum Kochen bringen, 4 Minuten sprudelnd kochen, dann abkühlen lassen. Den Quark durch ein Sieb streichen, mit Mascarpone, zwei Dritteln der Konfitüre, Zitronenschale, Zitronensaft und Mandellikör verrühren. Die Böden mit der restlichen Konfitüre bestreichen.

4 Pfirsiche waschen, halbieren, entsteinen und in Spalten schneiden. Die Hälfte auf dem unteren Boden verteilen. Die Hälfte der Quarkmasse darübergeben, den anderen Boden darauflegen.

5 Die Torte ringsum mit der restlichen Quarkmasse bestreichen. In die Tortenmitte die restlichen Pfirsichspalten schichten. Alles mit Pistazien bestreuen. Das Orangengelee leicht erwärmen und die Torte damit überziehen.

Orangengelee
1/4 Liter Saft von 5 bis 6 Blutorangen und den Saft von 1 Zitrone mit 250 Gramm Gelierzucker verrühren und das Ganze 5 Minuten sprudelnd kochen lassen, dabei mehrmals umrühren. Vom Herd nehmen und 4 Esslöffel Campari zugeben. Das Gelee in vorbereitete Gläser füllen.

Mokka-Käsetorte

Für 1 Springform mit 26 cm Ø

Für den Teig
5 Eier
100 g Zucker
1 Prise Salz
70 g Mehl
50 g Speisestärke
$^1/_2$ TL Backpulver
30 g fein gemahlener Kaffee
1 TL Kakao
150 ml Mokkalikör

Für die Creme
4 Blatt weiße Gelatine
125 g Mandelmakronen
60 ml Mokkalikör
3 Eigelb
100 g Zucker
1 Prise Salz
125 g Kakao
1 EL Walnussöl
500 g Mascarpone

1 Den Backofen auf 180 °C (Gas Stufe 2–3, Umluft 160 °C) vorheizen. Die Eier trennen. Eigelb mit Zucker, Salz und 3 Esslöffeln warmem Wasser schaumig rühren. Mehl, Speisestärke und Backpulver vermischen, sieben und mit dem Kaffee und dem Kakao vermischen. Das Eiweiß steif schlagen, auf die Eigelbmasse geben und mit der Mehlmischung unterheben.

2 Eine Springform einfetten, mit Mehl bestäuben, den Teig einfüllen und glatt streichen. Im vorgeheizten Backofen etwa 25 Minuten backen. Herausnehmen, auskühlen lassen, zweimal waagerecht durchschneiden. Die drei Böden mit dem Mokkalikör beträufeln.

3 Die Gelatine in kaltem Wasser einweichen. Die Makronen zerdrücken und mit dem Mokkalikör vermischen. Eigelb mit 50 Gramm Zucker und dem Salz schaumig rühren.

4 Den restlichen Zucker mit dem Kakao vermischen, 300 Milliliter lauwarmes Wasser und das Öl einrühren. Die Hälfte davon auf den untersten und auf den mittleren Tortenboden streichen, den Rest beiseite stellen.

5 Die Gelatine tropfnass bei geringer Hitze auflösen und unter die Eigelbmasse ziehen. Mascarpone einrühren. Die Hälfte der getränkten Makronenbrösel unterheben. Kalt stellen, bis die Gelatine fest zu werden beginnt.

6 Die Hälfte der Creme auf den untersten Tortenboden streichen. Den zweiten Boden auflegen und mit der restlichen Creme bestreichen. Den letzten Boden auflegen. Die Torte ringsum mit der beiseite gestellten Kakaomasse bestreichen. Die restlichen Makronenbrösel aufstreuen.

Tipp

Besonders schön sieht die Käsetorte aus, wenn der Tortenrand noch mit gerösteten Walnusshälften verziert wird.
Beim Rösten der Walnüsse können Sie genauso vorgehen wie beim Rösten anderer Nussorten *(➔ Seite 43).*

Ananas-Käsetorte

Für 1 Springform mit 26 cm Ø

Für den Teig
4 Eier
150 g Zucker
1 Pck. Vanillezucker
1 Prise Salz
100 g Mehl
50 g Speisestärke
1 TL Backpulver
50 g zerlassene Butter

Für die Creme
2 Blatt weiße Gelatine
200 g Ananas (aus der Dose)
300 g abgetropfter Quark
50 g Zucker
100 ml Ananassaft
300 g Sahne

Außerdem
200 g Ananas (aus der Dose)
50 g Mandelblättchen
200 g Sahne
1 TL Sahnesteif
1 Pck. Vanillezucker

1 Den Backofen auf 180 °C (Gas Stufe 2–3, Umluft 160 °C) vorheizen. Die Eier trennen. Eigelb mit 2 Esslöffeln warmem Wasser schaumig rühren. Zucker und Vanillezucker zufügen. Weiter schlagen, bis die Masse cremig ist. Eiweiß mit Salz steif schlagen und auf die Eigelbmasse geben. Mehl, Speisestärke und Backpulver vermischen, auf den Eischnee sieben. Mit der Butter unterheben.

2 Eine Springform mit Backpapier auslegen, den Teig hineingeben und im vorgeheizten Backofen etwa 25 Minuten backen. Herausnehmen, auskühlen lassen, waagerecht durchschneiden.

3 Die Gelatine in kaltem Wasser einweichen. Die Ananas abtropfen lassen und klein schneiden. Quark durch ein Sieb in eine Schüssel streichen und mit dem Zucker verrühren. Gelatine ausdrücken, in erwärmtem Ananassaft auflösen, zum Quark geben. Die Sahne steif schlagen und unterheben.

4 Unter die Hälfte der Quarkmasse die zerkleinerten Ananasstücke heben. Den unteren Boden damit bestreichen. Den anderen Boden darauflegen. Die Torte oben und ringsum mit der restlichen Quarkmasse bestreichen.

5 Ananas abtropfen lassen und in kleine Stücke schneiden. Die Mandeln in einer Pfanne ohne Fett goldbraun rösten. Den Tortenrand mit Mandelblättchen bestreuen, in der Mitte die Ananasstücke verteilen.

6 Sahne mit Sahnesteif und Vanillezucker steif schlagen, in einen Spritzbeutel mit Sterntülle füllen und die Torte damit verzieren.

Tipp

Die Käsetorte kann zusätzlich mit kandierten Ananasstückchen und Ingwerstäbchen herausgeputzt werden.
Das sieht nicht nur gut aus, sondern ist auch geschmacklich ein schöner Akzent.

Nektarinen-Käsetorte

Für 1 Springform mit 26 cm Ø

Für den Teig
5 Eier
150 g Zucker
1 Pck. Vanillezucker
30 g gemahlene Mandeln
150 g Mehl
75 g Speisestärke
3 EL Kakao
2 TL Backpulver
2 EL Rosenlikör (→ Seite 44)

Für die Creme
3 Blatt weiße Gelatine
750 g Ricotta
1 Pck. Vanillezucker
100 g Löwenzahnblütenhonig (→ Seite 25)
500 g Nektarinen
1 EL Zitronensaft

Außerdem
30 g gehackte Pistazien
1 EL Rosenzucker (→ rechts)

1 Den Backofen auf 200 °C (Gas Stufe 3, Umluft 180 °C) vorheizen. Die Eier trennen. Eigelb mit 2 Esslöffeln warmem Wasser schaumig rühren. Zucker und Vanillezucker unterrühren. Das Eiweiß steif schlagen und mit den Mandeln auf die Eigelbmasse geben. Mehl, Speisestärke, Kakao und Backpulver vermischen, darübersieben, alles unterheben.

2 Eine Springform mit Backpapier auslegen, den Teig einfüllen und glatt streichen. Im vorgeheizten Backofen etwa 25 Minuten backen. Auskühlen lassen, waagerecht durchschneiden, mit Rosenlikör beträufeln.

3 Die Gelatine in kaltem Wasser einweichen. Den Ricotta in eine Schüssel geben, mit Vanillezucker und Löwenzahnblütenhonig verrühren. Die Gelatine tropfnass in einen kleinen Topf geben, erwärmen, auflösen, zur Ricottacreme geben und gut untermischen.

4 Die Nektarinen waschen, entsteinen, in kleine Würfel schneiden und mit dem Zitronensaft vermischen. Unter die Hälfte der Ricottacreme heben. Den unteren Boden damit bestreichen. Den anderen Boden darauflegen und mit der restlichen Ricottacreme bestreichen. Mit Pistazien und Rosenzucker bestreuen.

Rosenzucker
100 Gramm Rosenblütenblätter mit dem Saft von 1 Zitrone beträufeln und 3 Stunden ziehen lassen. 100 Gramm Zucker zugeben und die Rosenblätter zerreiben. In ein Glas füllen und gut verschließen.

Pinienkern-Käsetorte

Für 2 Backbleche

Für den Teig
4 Eiweiß
230 g Zucker
200 g gehackte Pinienkerne
1 EL Zitronensaft

Für die Creme
4 Blatt weiße Gelatine
250 g Jogurt
1 TL abgeriebene Zitronenschale
50 g Puderzucker
4 EL Zitronensaft
400 g Sahne

Außerdem
30 g gehackte Pinienkerne
2 EL Rosengelee (→ rechts)

1 Den Backofen auf 140 °C (Gas Stufe 1, Umluft 130 °C) vorheizen. Auf Backpapier zwei Kreise von 24 Zentimetern Durchmesser skizzieren. Die Kreise auf zwei Backbleche legen.

2 Das Eiweiß steif schlagen, Zucker einrieseln lassen, Pinienkerne und Zitronensaft unterrühren. Die Masse in einen Spritzbeutel mit glatter Tülle füllen und auf die Kreise spritzen, das geht am besten spiralförmig, wobei Sie in der Mitte beginnen. Die Kreise im vorgeheizten Backofen etwa 40 Minuten backen, herausnehmen und auf einem Kuchengitter abkühlen lassen.

3 Für die Creme die Gelatine in kaltem Wasser einweichen. Jogurt, Zitronenschale, Puderzucker und 2 Esslöffel Zitronensaft verrühren. Den restlichen Zitronensaft erwärmen, die ausgedrückte Gelatine darin auflösen, zur Creme geben. Sobald die Masse zu gelieren beginnt, die Sahne steif schlagen und unterheben.

4 Die Pinienkerne in einer Pfanne ohne Fett goldbraun rösten. Beide Böden dünn mit Rosengelee bestreichen. Auf den unteren Boden die Hälfte der Creme geben und dann glatt streichen, den anderen Boden darauflegen, mit der restlichen Creme bestreichen. Die Torte mit Pinienkernen bestreuen.

Rosengelee
150 Gramm frisch gepflückte, gesäuberte Rosenblütenblätter mit kochendem Wasser übergießen, danach mit kaltem Wasser abschrecken und in einem Sieb gut abtropfen lassen. 3/4 Liter konzentrierten Apfelsaft mit 750 Gramm Zucker unter Rühren zum Kochen bringen, die Rosenblütenblätter dazugeben und mitkochen, bis die Rosenblütenblätter sich am Topfboden abgesetzt haben. Während das Ganze kocht, müssen Sie hin und wieder den Schaum abschöpfen. Wenn die Gelierprobe zeigt, dass das Gelee beim Abkühlen fest wird, können Sie das Rosengelee in vorbereitete Gläser füllen. Kühl und dunkel aufbewahren.

Ingwer-Käsetorte

Für 1 Springform mit 26 cm Ø

Für den Teig
50 g frischer Ingwer
125 g Marzipan-Rohmasse
50 g kandierte Ananas
20 g Orangeat
250 g Butter
4 Eier
1 Prise Salz
1/2 TL abgeriebene Zitronenschale
1 Prise Zimt
100 g Bienenhonig
250 g Mehl
100 g Speisestärke
1 Pck. Backpulver
4 EL Orangensaft
2 EL Orangenlikör

Für die Creme
4 Blatt weiße Gelatine
250 g abgetropfter Quark
200 g Ricotta
80 g Zucker
1 Pck. Vanillezucker
2 EL Zitronensaft
250 g Sahne

Außerdem
125 g Erdbeerkonfitüre
2 EL Ingwerlikör (→ rechts)
2 Blatt rote Gelatine
1/8 l Himbeersaft

1 Den Backofen auf 180 °C (Gas Stufe 2–3, Umluft 160 °C) vorheizen. Den Ingwer schälen und in kleine Würfel schneiden. Marzipan zerkleinern, Ananas und Orangeat in kleine Würfel schneiden. Die Butter schaumig rühren. Eier, Salz, Zitronenschale, Zimt, Bienenhonig, Ingwer, Marzipan, Ananas und Orangeat einrühren. Mehl, Speisestärke und Backpulver vermischen, darübersieben und unterheben.

2 Eine Springform einfetten, den Teig einfüllen und glatt streichen. Im vorgeheizten Backofen etwa 40 Minuten backen. Herausnehmen, auskühlen lassen, waagerecht durchschneiden. Beide Böden mit Orangensaft und Orangenlikör beträufeln.

3 Für die Creme die weiße Gelatine in kaltem Wasser einweichen. Den Quark durch ein Sieb streichen, Ricotta, Zucker, Vanillezucker und Zitronensaft zugeben, alles verrühren. Die Gelatine tropfnass in einen Topf geben, erwärmen. Die aufgelöste Gelatine unter die Creme rühren. Die Sahne steif schlagen und unterheben.

4 Die Erdbeerkonfitüre durch ein Sieb streichen, mit 1 Esslöffel Ingwerlikör verrühren, den unteren Boden damit bestreichen. Die Hälfte der Creme daraufgeben, den anderen Boden auflegen. Die Torte mit der restlichen Creme ringsum bestreichen.

5 Die rote Gelatine in kaltem Wasser einweichen. Den restlichen Ingwerlikör erwärmen, die ausgedrückte Gelatine darin auflösen, mit dem Himbeersaft verrühren. Sobald der Saft zu gelieren beginnt, esslöffelweise auf die Torte geben. Kalt stellen.

Ingwerlikör
70 Gramm frischen Ingwer schälen, fein schneiden, in eine Flasche füllen und 3/4 Liter Weinbrand angießen. Eine Woche stehen lassen, täglich einmal durchschütteln. Den Weinbrand durch ein Sieb gießen. Den aufgefangenen Ingwer mit 200 Gramm Bienenhonig und 3 Esslöffeln Wasser verrühren. Mit dem Weinbrand mischen und abfüllen.

Kokostorte

Für 1 Springform mit 26 cm Ø

Für den Teig
- 175 g Kokosraspel
- 200 g Butter
- 400 g Zucker
- 4 Eier
- 250 g saure Sahne
- 225 g Mehl
- 30 g Speisestärke
- 1/2 Pck. Backpulver
- 1/8 l Kokosmilch

Für die Creme
- 2 Blatt weiße Gelatine
- 250 g abgetropfter Quark
- 250 g Ricotta
- 100 g weiche Butter
- 200 g Zucker
- 200 g Sahne

Außerdem
- 200 g frische Kokosnuss
- 125 g Holundermus (→ rechts)
- 125 g Ricotta
- 20 g Puderzucker
- 150 g Crème double
- 1/2 TL abgeriebene Zitronenschale
- 1–2 EL Holundermus (→ rechts)
- Kandierte Rosenblütenblätter (→ Seite 15)

1 Den Backofen auf 180 °C (Gas Stufe 2–3, Umluft 160 °C) vorheizen. Die Kokosraspel in einer Pfanne ohne Fett rösten.

2 Butter mit Zucker schaumig schlagen. Eier und saure Sahne unterrühren. Mehl, Speisestärke und Backpulver vermischen, sieben und unterheben. Die Kokosmilch und die ausgekühlten Kokosraspel unterrühren.

3 Eine Backform mit Backpapier auslegen, den Teig einfüllen und im vorgeheizten Backofen etwa 35 Minuten backen. Herausnehmen, noch 10 Minuten in der Form lassen, dann auf ein Kuchengitter stürzen. Das Backpapier abziehen. Den Kuchen auskühlen lassen, waagerecht durchschneiden.

4 Die Gelatine in kaltem Wasser einweichen. Den Quark durch ein Sieb streichen, Ricotta, Butter und Zucker unterrühren. Die Gelatine tropfnass in einem kleinen Topf erwärmen, auflösen und zur Quarkmasse geben. Die Sahne steif schlagen und unterheben. Frische Kokosnuss in dünne Streifen schneiden, in Pfanne ohne Fett goldgelb rösten. Abkühlen lassen.

5 Den unteren Boden mit 125 Gramm Holundermus bestreichen und mit den Kokosnussstreifen belegen. Die Creme daraufgeben. Den anderen Boden darauflegen. Ricotta, Puderzucker, Crème double und Zitronenschale verühren. Die Torte damit bestreichen. Sobald die Masse fest geworden ist, 1–2 Esslöffel Holundermus in dünnen Fäden über die Torte ziehen. Mit kandierten Rosenblütenblättern verzieren.

Holundermus

500 Gramm reife Holunderbeeren waschen, abtropfen lassen, von den Rispen streifen. 500 Gramm Zwetschgen waschen, entsteinen, halbieren. 200 Gramm Birnen waschen, schälen, vierteln, das Kerngehäuse entfernen. Das Obst mit wenig Wasser, 150 Gramm Zucker, 2 Esslöffeln Zitronensaft und je 1/2 Teelöffel gemahlenen Nelken und Zimt in einen Topf füllen, zum Kochen bringen, dabei umrühren. Kochen lassen, bis die Masse sämig wird. In vorbereitete Gläser füllen.

Käsetorte
mit Mandelbaiser

Für 1 Springform mit 26 cm Ø

Für den Teig
200 g Mehl
1 TL Backpulver
80 g Zucker
2 Eigelb
1 Prise Salz
1 EL Milch
100 g kalte Butter

Für die Creme
500 g abgetropfter Quark
80 g Zucker
4 Eigelb
100 g weiche Butter
20 g Speisestärke
1 TL abgeriebene Zitronenschale
1 Prise Salz
500 g Johannisbeeren

Für das Baiser
3 Eiweiß
150 g Puderzucker
100 g Mandelblättchen

1 Mehl und Backpulver vermischen und in eine Schüssel sieben. In die Mitte eine Vertiefung drücken. Zucker, Eigelb, Salz und Milch hineingeben und mit einem Teil des Mehls vermischen. Die Butter in Stücken darauf verteilen und alle Zutaten zu einem glatten Teig verkneten. 30 Minuten kalt stellen.

2 Eine Springform einfetten. Den Teig auf bemehlter Fläche ausrollen, in die Form geben und einen Rand hochziehen. Den Boden mehrmals mit einer Gabel einstechen. Den Backofen auf 200 °C (Gas Stufe 3, Umluft 180 °C) vorheizen.

3 Für die Creme den Quark durch ein Sieb streichen. Mit Zucker, Eigelb, Butter, Speisestärke, Zitronenschale und Salz verrühren. Die Masse auf den Teig geben.

4 Die Johannisbeeren vorsichtig waschen, von den Rispen streifen und auf der Creme verteilen. Den Kuchen im vorgeheizten Backofen etwa 35 Minuten backen.

5 Für das Mandelbaiser Eiweiß mit Puderzucker steif schlagen. Die Mandelblättchen in einer Pfanne ohne Fett goldbraun rösten und unter den Eischnee heben.

6 Die vorgebackene Torte mit der Baisermasse bestreichen. Noch einmal in den Ofen schieben und weitere 8 Minuten backen.

Käsetorte

mit Kokosraspeln

Für 1 Springform mit 26 cm Ø

Für den Teig
250 g Mehl
1/2 Pck. Backpulver
100 g Butter
70 g Zucker
1 Prise Salz
1/2 TL abgeriebene Zitronenschale
1 Tropfen Bittermandelaroma
1 Ei
1 EL Milch

Für den Belag
150 g getrocknete Aprikosen
1 Pck. Vanille-Puddingpulver
200 g Zucker
1/2 l Milch
50 g weiche Butter
1 Pck. Vanillezucker
1 Prise Salz
3 Eier
3 EL Rum
1 kg abgetropfter Quark
100 g Sahne
100 g Kokosraspel

Außerdem
50 g zerlassene Butter
Puderzucker zum Bestäuben

1 Mehl und Backpulver vermischen, in eine Schüssel sieben. In die Mitte eine Vertiefung drücken. Butter, Zucker, Salz, Zitronenschale, Bittermandelaroma, Ei und Milch hineingeben. Die Zutaten zu einem glatten Teig verkneten.

2 Eine Springform einfetten. Den Teig auf bemehlter Fläche ausrollen, in die Form geben und einen Rand hochziehen.

3 Die Aprikosen in Wasser einweichen. Puddingpulver und 50 Gramm Zucker in 1/4 Liter Milch verrühren. Die restliche Milch zum Kochen bringen, das angerührte Puddingpulver einrühren, kurz aufkochen lassen und vom Herd nehmen. Auskühlen lassen, dabei hin und wieder umrühren, damit sich keine Haut bildet.

4 Den Backofen auf 200 °C (Gas Stufe 3, Umluft 180 °C) vorheizen. Den restlichen Zucker mit Butter, Vanillezucker, Salz, Eiern und Rum verrühren. Den Quark durch ein Sieb streichen, zusammen mit der Sahne und dem Pudding unterrühren. Die Hälfte der Quarkmasse auf den Teig geben und glatt streichen.

5 Die abgetropften Aprikosen auf die Quarkmasse legen und mit Kokosraspeln bestreuen. Die zweite Hälfte der Quarkmasse darübergeben.

6 Den Kuchen in den vorgeheizten Backofen schieben und etwa 40 Minuten backen. Herausnehmen, mit Butter bestreichen und noch warm mit Puderzucker bestäuben.

Tipp

Bewahren Sie Kokosraspel stets dunkel und luftdicht auf. Vor allem sollten sie nicht lange gelagert werden, denn sie enthalten viel Fett und werden deshalb leicht ranzig.

Bunte Käsetorte

Für 1 Springform mit 26 cm Ø

Für den Teig
150 g Mehl
1 TL Backpulver
70 g Zucker
2 Eigelb
2 EL Milch
60 g kalte Butter

Für die Creme
30 g Rosinen
2 Pck. Vanille-Puddingpulver
200 g Zucker
1/4 l Milch
250 g Sahne
750 g abgetropfter Quark
100 g kandierte Früchte (Kirschen, Aprikosen, Ingwer)
3 Eiweiß
1 Prise Salz

Außerdem
1 Eigelb
1 EL Milch

1 Mehl und Backpulver vermischen, in eine Schüssel sieben, in die Mitte eine Vertiefung drücken. Zucker, Eigelb und Milch hineingeben. Etwas Mehl vom Rand einrühren und einen dickflüssigen Brei bereiten. Die Butter in Stücken darauf verteilen, mit Mehl bedecken. Die Zutaten von der Mitte her zu einem glatten Teig verkneten. 30 Minuten kalt stellen.

2 Den Backofen auf 200 °C (Gas Stufe 3, Umluft 180 °C) vorheizen. Eine Springform einfetten, den Teig hineingeben und einen Rand hochziehen. Den Boden mit einer Gabel mehrmals einstechen. Im vorgeheizten Backofen 10 Minuten vorbacken.

3 Für die Creme die Rosinen waschen und trockentupfen. Puddingpulver und Zucker in etwas kalter Milch glatt rühren. Die restliche Milch mit der Sahne erhitzen, das angerührte Puddingpulver einrühren, mehrmals aufwallen lassen. Vom Herd nehmen.

4 Den Quark durch ein Sieb streichen und in den Pudding einrühren. Nochmals kurz aufkochen lassen, dann die Rosinen hinzufügen. Die kandierten Früchte klein schneiden und ebenfalls dazugeben. Eiweiß mit dem Salz steif schlagen und unterheben.

5 Die Masse auf den vorgebackenen Boden geben und glatt streichen. Eigelb und Milch verrühren, die Tortenoberfläche damit bestreichen. Weitere 30 Minuten backen.

Tipp

Soll Eiweiß zu Schnee geschlagen werden, ist darauf zu achten, dass die Arbeitsgeräte sauber und fettfrei sind. Wenn Sie eine Prise Salz zufügen, wird das Eiweiß geschmeidiger. Mit Eischnee zubereitete Teige, Cremes oder Füllungen sollten Sie nicht stehen lassen, sondern sofort in den Backofen schieben.

Käsetorte
mit Backpflaumen

Für 1 Springform mit 26 cm Ø

Zur Vorbereitung
400 g Backpflaumen ohne Stein
1 Stück Zimtstange
4 Gewürznelken
1/4 l Rotwein

Für den Teig
200 g Mehl
1 TL Backpulver
125 g Zucker
1 Pck. Vanillezucker
1 Prise Zimt
1 Ei
125 g kalte Butter
100 g gemahlene Mandeln

Für den Belag
3 Eier
750 g abgetropfter Quark
125 g Schmant
1/2 Pck. Vanille-Puddingpulver
1 TL abgeriebene Zitronenschale
100 g Zucker
125 g Sahne

Außerdem
Puderzucker zum Bestäuben

1 Am Vortag den Belag vorbereiten: Die Backpflaumen in eine Schüssel füllen. Zimtstange und Gewürznelken zufügen, alles mit dem Rotwein übergießen und zugedeckt über Nacht ziehen lassen.

2 Für den Teig das Mehl mit dem Backpulver vermischen, in eine Schüssel sieben, in die Mitte eine Vertiefung drücken. Zucker, Vanillezucker, Zimt und Ei hineingeben, mit einem Teil des Mehls bedecken, einen dickflüssigen Brei zubereiten. Die Butter in Stückchen sowie die Mandeln darauf verteilen. Mit Mehl bedecken und von der Mitte her die Zutaten zu einem glatten Teig verkneten. 1 Stunde kalt stellen.

3 Die Backpflaumen abtropfen lassen, Zimtstange und Nelken entfernen. Die Eier trennen. Den Quark durch ein Sieb streichen, mit Eigelb, Schmant, Puddingpulver, Zitronenschale und Zucker verrühren. Sahne und Eiweiß getrennt steif schlagen. Zuerst die Sahne, danach den Eischnee unter die Quarkmasse heben.

4 Den Backofen auf 200 °C (Gas Stufe 3, Umluft 180 °C) vorheizen. Eine Springform einfetten. Den Teig auf bemehlter Fläche ausrollen, in die Springform legen, einen Rand hochziehen und den Boden mit einer Gabel mehrmals einstechen. Die Pflaumen auf dem Teig verteilen, die Quarkmasse darübergeben und glatt streichen. Den Kuchen im vorgeheizten Backofen etwa 40 Minuten backen. Herausnehmen, auskühlen lassen. Mit Puderzucker bestäuben.

Variante
Man kann auch die Hälfte der Backpflaumen mit 300 Gramm Pflaumenmus und 1 Esslöffel Zwetschgenwasser vermischen. Die Masse auf dem Teig verteilen, die Quarkmasse darübergeben.

Bananen-Käsetorte

Für 1 Springform mit 26 cm Ø

Für den Teig
6 Eier
300 g Marzipan-Rohmasse
125 g Zartbitter-Kuvertüre
3 Vanilleschoten
50 g Zucker
100 g Mehl
30 g Speisestärke
1 TL Backpulver
60 g zerlassene Butter

Für die Creme
4 Blatt weiße Gelatine
4 Bananen (etwa 500 g)
4 EL Zitronensaft
500 g Mascarpone
1 Pck. Vanillezucker
50 g Zucker
2 EL Brandy

Außerdem
125 g Aprikosenkonfitüre
1 EL Zitronensaft
125 g Zartbitter-Kuvertüre
50 g Nugat
125 g Sahne
Ingwerstäbchen und kandierte Kirschen zum Verzieren

1 Den Backofen auf 180 °C (Gas Stufe 2–3, Umluft 160 °C) vorheizen. Die Eier trennen. Marzipan und Kuvertüre getrennt zerkleinern. Die Vanilleschoten aufschneiden, das Mark herauskratzen.

2 Eigelb, Marzipan, Vanillemark, 2 Esslöffel warmes Wasser und Zucker schaumig rühren. Das Eiweiß steif schlagen und auf die Marzipanmasse geben. Mehl, Speisestärke und Backpulver vermischen, auf den Eischnee sieben. Die Kuvertüre darüberstreuen. Alles zusammen mit der Butter unter die Marzipanmasse heben.

3 Eine Springform einfetten, den Teig einfüllen. Im vorgeheizten Backofen etwa 25 Minuten backen. Herausnehmen, auskühlen lassen, waagerecht durchschneiden.

4 Für die Creme die Gelatine in kaltem Wasser einweichen. Die Bananen schälen, zerkleinern, mit dem Zitronensaft pürieren. Mascarpone mit Vanillezucker, Zucker und Bananenpüree verrühren. Die Gelatine ausdrücken, in leicht erwärmtem Brandy auflösen, unter die Creme rühren.

5 Aprikosenkonfitüre erwärmen, mit dem Zitronensaft verrühren, durch ein Sieb streichen und beide Böden damit bestreichen. Auf den unteren Boden die Creme geben, den oberen Boden darauflegen. Kuvertüre und Nugat zerkleinern und zusammen im heißen Wasserbad schmelzen. Die Sahne aufkochen und unter die Schokomischung rühren. Etwas abkühlen lassen, dann die Torte damit bestreichen. Mit Ingwerstäbchen und kandierten Kirschen verzieren.

Harzer Käsetorte

Für 1 Springform mit 26 cm Ø

Für den Teig
150 g Mehl
1/2 TL Backpulver
70 g Zucker
1 Ei
70 g kalte Butter

Für den Belag
2 Pck. Vanille-Puddingpulver
100 g Zucker
1/2 l Milch
400 g Schmant
2 Eigelb
4 Birnen

Außerdem
1 Pck. heller Tortenguss

1 Mehl und Backpulver vermischen, in eine Schüssel sieben, in die Mitte eine Vertiefung drücken. Zucker und Ei hineingeben, etwas Mehl vom Rand untermischen. Die Butter in Stücken darauf verteilen, mit Mehl bedecken. Von der Mitte her die Zutaten zu einem glatten Teig verkneten. 30 Minuten kalt stellen.

2 Für den Belag das Puddingpulver mit dem Zucker in 1/4 Liter Milch verrühren. Die restliche Milch zum Kochen bringen, das angerührte Puddingpulver einrühren. Kurz aufkochen lassen, vom Herd nehmen. Schmant und Eigelb einrühren.

3 Den Backofen auf 180 °C (Gas Stufe 2–3, Umluft 160 °C) vorheizen. Die Birnen schälen, halbieren und das Kerngehäuse entfernen. Eine Springform einfetten. Den Teig auf bemehlter Fläche ausrollen, in die Form geben und einen Rand hochziehen. Den Boden mit einer Gabel mehrmals einstechen.

4 Die Schmantmasse auf dem Teigboden verteilen und glatt streichen, die Birnenhälften auflegen. Den Kuchen in den vorgeheizten Backofen schieben und etwa 40 Minuten backen.

5 Die Torte aus dem Ofen nehmen und auf einem Kuchengitter auskühlen lassen. Den Tortenguss nach Packungsanleitung bereiten, die Torte damit überziehen.

Tipp

Mürbeteig ohne Backpulver hält sich etwa drei Wochen im Kühlschrank, wenn er gut in Frischhaltefolie eingepackt wird, im Tiefkühlschrank bleibt er drei Monate frisch. Mürbeteig mit Backpulver ist zum sofortigen Verbrauch bestimmt.

Frischkäsetorte

Für 1 Kastenform

Für den Teig
2 Eier
100 g Zucker
1 Pck. Vanillezucker
80 g Mehl
50 g Speisestärke
1 TL Backpulver
50 g zerlassene Butter

Für die Creme
4 Blatt weiße Gelatine
400 g Doppelrahm-Frischkäse
150 g Zucker
Saft und Schale von 1 Zitrone
500 g Sahne

Außerdem
Kakao zum Bestäuben
Schokoladenstreusel zum Verzieren

1 Den Backofen auf 180 °C (Gas Stufe 2–3, Umluft 160 °C) vorheizen. Eier mit 1 Esslöffel warmem Wasser schaumig rühren. Zucker und Vanillezucker unterrühren. Mehl, Speisestärke und Backpulver vermischen, auf die Eimasse sieben und unterziehen. Dabei die Butter zugeben und alles schnell verrühren.

2 Eine Kastenform mit Backpapier auslegen, den Teig einfüllen. Den Kuchen in den vorgeheizten Backofen schieben und etwa 25 Minuten backen. Herausnehmen, auf einem Kuchengitter vollständig auskühlen lassen, dann waagerecht durchschneiden.

3 Für die Creme die Gelatine in kaltem Wasser einweichen. Frischkäse, Zucker, Zitronensaft und Zitronenschale gut verrühren, bis eine glatte Creme entstanden ist.

4 Die Gelatine ausdrücken, in einem kleinen Topf bei geringer Hitze auflösen und sorgfältig unter die Frischkäsecreme rühren. Die Sahne steif schlagen und ebenfalls unter die Creme ziehen. In den Kühlschrank stellen und fest werden lassen.

5 Den unteren Biskuitboden mit gut der Hälfte der Frischkäsecreme bestreichen. Den anderen Biskuitboden auflegen. Die Torte ringsum mit der restlichen Creme bestreichen. Die Oberfläche mit Kakao bestäuben. Die Seiten – und nach Belieben auch die Oberfläche – mit Schokoladenstreuseln bestreuen.

Festtagstorte

Für 1 Springform mit 26 cm Ø

Für den Teig
175 g Mehl
100 g Zucker
1 Prise Salz
1 TL abgeriebene Zitronenschale
3 Eigelb
125 g kalte Butter

Für die Creme
1 Pck. Vanille-Puddingpulver
400 ml Milch
1 Prise Salz
150 g Zucker
3 Eier
30 g Zitronat
30 g Orangeat
10 kandierte Kirschen
450 g Ricotta
1/2 TL Zimt
1 Pck. Vanillezucker
2 EL Zitronensaft
1 TL abgeriebene Zitronenschale
3 EL dunkler Rum

Außerdem
Puderzucker zum Bestäuben

1 Das Mehl in eine Schüssel sieben, in die Mitte eine Vertiefung drücken. Zucker, Salz, Zitronenschale und Eigelb hineingeben, mit etwas Mehl vom Rand vermischen. Die Butter in Stücken darauf verteilen, mit etwas Mehl bedecken. Die Zutaten von der Mitte her zu einem glatten Teig verkneten. 30 Minuten kalt stellen.

2 Für die Creme das Puddingpulver mit etwas Milch verrühren. Die restliche Milch zum Kochen bringen, das angerührte Puddingpulver, Salz und 50 Gramm Zucker einrühren, kurz aufkochen lassen, vom Herd nehmen und auskühlen lassen. Ab und zu umrühren, damit sich keine Haut bildet.

3 Die Eier trennen, dabei 1 Eiweiß in ein separates Schüsselchen geben. Zitronat, Orangeat und kandierte Kirschen fein schneiden. Ricotta mit dem restlichen Zucker, Zimt und Vanillezucker verrühren. Eigelb, Pudding, Zitronat, Orangeat, kandierte Kirschen, Zitronensaft, Zitronenschale und Rum unterrühren. Zwei Eiweiß steif schlagen und unterheben.

4 Den Backofen auf 180 °C (Gas Stufe 2–3, Umluft 160 °C) vorheizen. Zwei Drittel des Teiges auf bemehlter Fläche ausrollen, in eine Springform geben. Den Boden mit einer Gabel mehrmals einstechen und die Creme daraufgeben.

5 Den restlichen Teig ausrollen. Streifen von 1 Zentimeter Breite schneiden und zu einem Gittergeflecht auf der Creme anordnen. Die Streifen mit dem restlichen Eiweiß bestreichen. Den Kuchen im vorgeheizten Backofen etwa 50 Minuten backen. Herausnehmen, auf einem Kuchengitter auskühlen lassen und mit Puderzucker bestäuben.

Tipp

Eier lassen sich am besten trennen, wenn sie frisch und gekühlt sind. Nehmen Sie sie also erst kurz vor der Verarbeitung aus dem Kühlschrank. So vermindern Sie auch das Risiko, dass die Eier schlecht werden.

Sauerkirsch-Käsetorte

Für 1 Springform mit 26 cm Ø

Für den Teig
2 Eier
100 g Zucker
1 Pck. Vanillezucker
80 g Mehl
50 g Speisestärke
1 TL Backpulver
2 EL Kirschwasser

Für die Sauerkirschmischung
1 kg Sauerkirschen (Glas)
125 g Zucker
50 g Speisestärke

Für die Creme
4 Blatt weiße Gelatine
750 g Doppelrahm-Frischkäse
1 EL abgeriebene Zitronenschale
80 g Puderzucker
3 EL Kirschwasser
2 EL Zitronensaft
250 g Sahne

Außerdem
50 g Mandelblättchen

1 Den Backofen auf 180 °C (Gas Stufe 2–3, Umluft 160 °C) vorheizen. Die Eier trennen. Eigelb mit 2 Esslöffeln warmem Wasser cremig rühren. Zucker und Vanillezucker einrühren. Das Eiweiß steif schlagen, auf die Eigelbmasse geben. Mehl, Speisestärke und Backpulver vermischen, auf den Eischnee sieben, alles unterheben.

2 Eine Springform mit Backpapier auslegen, den Teig einfüllen, glatt streichen, im vorgeheizten Backofen etwa 25 Minuten backen. Herausnehmen, auskühlen lassen, waagerecht durchschneiden. Den unteren Boden mit Kirschwasser beträufeln.

3 Die Kirschen mit dem Zucker in einen Durchschlag füllen, 30 Minuten abtropfen lassen. Den Saft auffangen und in einen Topf geben. So viel Wasser angießen, dass 300 Milliliter Flüssigkeit entstehen. Etwas von der Flüssigkeit abgießen, die Speisestärke darin verrühren. Den restlichen Saft mit den Kirschen zum Kochen bringen. Die Speisestärke einrühren. Alles mehrmals aufwallen lassen, dann vom Herd nehmen und auskühlen lassen.

4 Für die Creme die Gelatine in kaltem Wasser einweichen. Frischkäse, Zitronenschale, Puderzucker und Kirschwasser verrühren. Zitronensaft erwärmen, die ausgedrückte Gelatine darin auflösen, zur Creme geben. Die Sahne steif schlagen und unterheben.

5 Den unteren Tortenboden mit der Hälfte der Sauerkirschmischung belegen. Den anderen Boden auflegen, die Creme darauf verteilen. Glatt streichen, 30 Minuten kalt stellen. Die Mandeln in einer Pfanne ohne Fett goldbraun rösten. Die restliche Sauerkirschmischung auf die Tortenoberfläche streichen. Den Tortenrand mit Mandelblättchen verzieren.

Mohn-Käsetorte

Für 1 Springform
mit 26 cm Ø

Für den Teig
200 g Mehl
40 g Kakao
1 TL Backpulver
80 g Zucker
2 Eigelb
1 Prise Salz
1 EL Milch
100 g kalte Butter

Für die Creme
500 g abgetropfter Quark
100 g Schmant
80 g weiche Butter
125 g Zucker
1 TL abgeriebene Zitronenschale
3 Eigelb
1 Pck. Vanille-Puddingpulver
1/4 l Milch
250 g Sahne

Für die Mohnmasse
150 ml Milch
200 g gemahlener Mohn
80 g Zucker
1 EL gehackte Mandeln
1 EL Rum
1 Eigelb

Außerdem
3 EL Holunderblütensirup (→ rechts)
Puderzucker zum Bestäuben

1 Mehl, Kakao und Backpulver vermischen und in eine Schüssel sieben. In die Mitte eine Vertiefung drücken. Zucker, Eigelb, Salz und Milch hineingeben und mit einem Teil des Mehls vermischen. Die Butter in Stücken daraufgeben. Die Zutaten von der Mitte her zu einem glatten Teig verkneten. 30 Minuten kalt stellen.

2 Eine Springform einfetten. Den Teig auf bemehlter Fläche ausrollen, in die Form legen und einen Rand hochziehen. Den Boden mehrmals mit einer Gabel einstechen.

3 Für die Creme den Quark durch ein Sieb streichen. Mit Schmant, Butter, Zucker, Zitronenschale und Eigelb verrühren. Das Puddingpulver in etwas Milch glatt rühren und unter die Quarkmasse rühren. Die restliche Milch hinzufügen. Die Sahne steif schlagen und unterheben. Die Creme auf den Boden geben.

4 Den Backofen auf 180 °C (Gas Stufe 2–3, Umluft 160 °C) vorheizen. Für die Mohnmasse die Milch erhitzen, den Mohn überbrühen. Zucker, Mandeln, Rum und Eigelb einrühren. Die Mohnmasse in Klecksen auf die Creme setzen und etwas eindrücken. Im vorgeheizten Backofen etwa 45 Minuten backen. Mit Holunderblütensirup beträufeln und mit Puderzucker bestäuben.

Holunderblütensirup

20 große, saubere, frisch gepflückte Holunderblütendolden zusammen mit 3 in Scheiben geschnittenen Zitronen in eine Porzellanschüssel legen. In einem Topf 1 1/2 Liter Wasser zum Kochen bringen, 1 1/2 Kilogramm Zucker dazugeben und so lange rühren, bis sich der Zucker aufgelöst hat. Das Zuckerwasser über die Holunderblütendolden gießen und das Ganze zugedeckt 3 Tage ziehen lassen. Danach den Sirup durch ein Sieb abseihen und in gut verschließbare Flaschen abfüllen.

Kokos-Käsetorte
mit Rum

Für 1 Springform mit 26 cm Ø

Für den Teig
200 g Mehl
1 TL Backpulver
70 g Zucker
1 Ei
2 EL Milch
100 g kalte Butter
1 TL dunkler Rum

Für die Creme
80 g Korinthen
2 EL Rum
2 Pck. Vanille-Puddingpulver
1/2 l Milch
200 g Zucker
50 g Mandeln
800 g abgetropfter Quark
3 Eiweiß

Außerdem
125 g Kokosraspel
100 g Zucker
20 g Mehl
1 Eigelb
40 g weiche Butter
2 EL saure Sahne
Puderzucker zum Bestäuben

1 Mehl und Backpulver vermischen und in eine Schüssel sieben. In die Mitte eine Vertiefung drücken. Zucker, Ei und Milch hineingeben, mit etwas Mehl vom Rand zu einem Brei vermischen. Die Butter in Stücken daraufgeben, mit Mehl bestäuben. Die Zutaten von der Mitte her zu einem glatten Teig verkneten, dabei den Rum zufügen. 30 Minuten kalt stellen.

2 Den Backofen auf 200 °C (Gas Stufe 3, Umluft 180 °C) vorheizen. Eine Springform einfetten, den Teig auf bemehlter Fläche ausrollen, einen Rand hochziehen und den Boden mit einer Gabel mehrmals einstechen. Im vorgeheizten Backofen 10 Minuten vorbacken. Danach die Hitze auf 180 °C (Gas Stufe 2–3, Umluft 160 °C) reduzieren.

3 Für die Creme die Korinthen waschen und mit Rum beträufeln. Das Puddingpulver in etwas kalter Milch mit der Hälfte des Zuckers verrühren. Die restliche Milch zum Kochen bringen, das Puddingpulver einrühren, aufkochen lassen, vom Herd nehmen. Die Mandeln zugeben.

4 Den Quark durch ein Sieb streichen und ebenfalls zur Puddingmasse geben. Unter Rühren nochmals aufkochen lassen. Vom Herd nehmen, die Korinthen einrühren. Eiweiß mit dem restlichen Zucker steif schlagen und unterheben.

5 Kokosraspel, Zucker, Mehl, Eigelb, Butter und saure Sahne verrühren. Die Creme auf den vorgebackenen Teigboden geben, die Kokosmasse aufklecksen, etwas in die Käsecreme drücken. 35 Minuten backen. Herausnehmen, auskühlen lassen, mit Puderzucker bestäuben.

Tipp

Rumrosinen gibt es auch fertig zu kaufen. Dies ist vor allem praktisch, wenn man nur selten welche braucht und normalerweise keinen Rum im Haus hat. Achten Sie jedoch auf das Verfallsdatum, insbesondere wenn Sie nur kleine Mengen brauchen.

Lukullus-Käsetorte

Für 1 Springform mit 26 cm Ø

Für den Teig
180 g Mehl
1/2 TL Backpulver
65 g Zucker
1 Pck. Vanillezucker
100 g kalte Butter

Für die Creme
1 Pck. Vanille-Puddingpulver
200 g Zucker
1/2 l Milch
80 g weiche Butter
1 TL abgeriebene Zitronenschale
1 Prise Salz
4 EL Sahne
4 Eier
2 EL Rum
100 g gehackte Mandeln
1 kg abgetropfter Quark

Für die Lukullusmasse
150 g Kokosfett
125 g Zucker
3 EL Kakaopulver
2 Eier
1 EL Rum

Außerdem
16 kandierte Ingwerstäbchen

1 Mehl und Backpulver vermischen, in eine Schüssel sieben, in die Mitte eine Vertiefung drücken. Zucker und Vanillezucker hineingeben, mit etwas Mehl vom Rand vermischen. Die Butter in Stückchen darauf verteilen, mit Mehl bestäuben. Die Zutaten von der Mitte her zu einem glatten Teig verkneten. 30 Minuten kalt stellen.

2 Eine Springform einfetten. Den Teig auf bemehlter Fläche ausrollen, in die Form geben und einen Rand hochziehen. Den Boden mit einer Gabel mehrmals einstechen.

3 Für die Creme das Puddingpulver mit 2 Esslöffeln Zucker in etwas kalter Milch verrühren. Die restliche Milch zum Kochen bringen, das Puddingpulver einrühren, aufkochen lassen, vom Herd nehmen und auskühlen lassen. Ab und zu umrühren, damit sich keine Haut bildet.

4 Den Backofen auf 200 °C (Gas Stufe 3, Umluft 180 °C) vorheizen. In einer Schüssel die Butter schaumig schlagen, den restlichen Zucker, Zitronenschale, Salz, Sahne und Eier einrühren. Rum, Mandeln und den abgekühlten Pudding hinzufügen. Den Quark durch ein Sieb streichen und ebenfalls unterrühren.

5 Die Quarkmasse auf dem Teig verteilen und glatt streichen. Im vorgeheizten Backofen etwa 45 Minuten backen. Herausnehmen und abkühlen lassen.

6 Für die Lukullusmasse das Kokosfett schmelzen. Zucker, Kakao, Eier und Rum verrühren, unter Rühren das Fett tropfenweise zugeben. Die ausgekühlte Torte mit der Lukullusmasse überziehen. Mit Ingwerstäbchen verzieren.

Blau-Weiß-Torte
mit Schwips

Für 2 Springformen mit 26 cm Ø

Für den ersten Boden
150 g Mehl
50 g Zucker
1 Pck. Vanillezucker
1 Prise Salz
100 g kalte Butter

Für den zweiten Boden
6 Eier
180 g Zucker
1 Pck. Vanillezucker
1 Prise Salz
80 g Mehl
80 g Speisestärke
1 TL Backpulver
30 g Kakao

Für die Creme
1 Glas Heidelbeeren (Abtropfgewicht etwa 150 g)
6 Blatt weiße Gelatine
300 g Jogurt
125 g Zucker
2 EL Zitronensaft
3 EL Obstgeist
400 g Sahne

Außerdem
125 g Heidelbeerkonfitüre
2 EL Obstgeist
200 g Sahne
1 EL Zucker
1 Pck. Sahnesteif
50 g geraspelte Schokolade

1 Das Mehl in eine Schüssel sieben, in die Mitte eine Vertiefung drücken. Zucker, Vanillezucker und Salz hineingeben. Die Butter in Stücken darauf verteilen. Die Zutaten mit etwas Mehl vom Rand bedecken. Von der Mitte her alles zu einem glatten Teig verkneten. 30 Minuten kalt stellen.

2 Den Backofen auf 180 °C (Gas Stufe 2–3, Umluft 160 °C) vorheizen. Eine Springform einfetten. Den Mürbeteig in die Form geben, den Boden mit einer Gabel mehrmals einstechen. Im vorgeheizten Backofen etwa 10 Minuten backen.

3 Für den zweiten Boden die Eier trennen. Eigelb mit 5 Esslöffeln warmem Wasser und dem Zucker schaumig rühren, Vanillezucker und Salz hinzufügen. Das Eiweiß steif schlagen, auf die Eigelbcreme geben. Mehl, Speisestärke, Backpulver und Kakao vermischen, auf den Eischnee sieben, alles unterheben.

4 Den Boden einer zweiten Springform mit Backpapier auslegen, den Teig einfüllen und glatt streichen. Etwa 25 Minuten backen. Herausnehmen, auskühlen lassen, waagerecht durchschneiden.

5 Für die Creme die Heidelbeeren abtropfen lassen, den Saft auffangen. Die Gelatine in kaltem Wasser einweichen. Den Jogurt mit 200 Millilitern von dem aufgefangenen Saft verrühren. Die Hälfte der Beeren, den Zucker und den Zitronensaft einrühren. Den Obstgeist erwärmen, die ausgedrückte Gelatine darin auflösen. Unter die Jogurtmasse rühren. Die Sahne steif schlagen und unterheben.

6 Heidelbeerkonfitüre und Obstgeist verrühren. Den Mürbeteigboden damit bestreichen. Einen Tortenring um den Boden legen, einen dunklen Boden auflegen und mit der Hälfte der Creme bestreichen. Den anderen Boden auflegen. Unter die restliche Creme die restlichen Blaubeeren heben, auf die Torte geben und glatt streichen. 2 Stunden kalt stellen. Den Tortenring entfernen.

7 Die Sahne mit dem Zucker und dem Sahnesteif steif schlagen. Die Torte ringsum damit bestreichen und den Rand mit geraspelter Schokolade verzieren.

Eierlikörtorte

Für 1 Springform mit 26 cm Ø

Für den Teig
150 g Mehl
1 TL Backpulver
70 g Zucker
2 Eigelb
1 EL Milch
60 g kalte Butter

Für die Quarkcreme
1 Pck. Vanille-Puddingpulver
100 g Zucker
1/2 l Milch
30 g Rosinen
400 g abgetropfter Quark
30 g gehackte Mandeln
2 Eiweiß

Für die Eierlikörcreme
2 Eier
80 g weiche Butter
80 g Zucker
1 Pck. Vanillezucker
1/8 l Eierlikör
1 Prise Salz
20 g Speisestärke

1 Mehl und Backpulver vermischen, sieben, in die Mitte eine Vertiefung drücken. Zucker, Eigelb und Milch hineingeben, etwas Mehl vom Rand einrühren. Die Butter in Stücken daraufgeben, mit Mehl bedecken. Die Zutaten von der Mitte her zu einem glatten Teig verkneten. 30 Minuten kalt stellen.

2 Den Backofen auf 180 °C (Gas Stufe 2–3, Umluft 160 °C) vorheizen. Eine Springform einfetten. Den Teig ausrollen, in die Springform geben und einen Rand hochziehen. Den Boden mit einer Gabel mehrmals einstechen. Im vorgeheizten Backofen 10 Minuten vorbacken.

3 Für die Quarkcreme das Puddingpulver mit dem Zucker und etwas Milch mischen. Die restliche Milch zum Kochen bringen, das angerührte Puddingpulver einrühren, aufkochen lassen. Vom Herd nehmen.

4 Die Rosinen waschen und trockentupfen. Den Quark durch ein Sieb streichen und einrühren. Rosinen und Mandeln dazugeben. Eiweiß steif schlagen und unter die Creme heben. Die Quarkmasse auf den vorgebackenen Boden streichen.

5 Für die Eierlikörcreme die Eier trennen. Butter mit Zucker und Vanillezucker cremig rühren. Zuerst Eigelb, dann den Eierlikör zufügen und unterrühren. Eiweiß mit Salz steif schlagen und mit der Speisestärke unter die Eierlikörcreme heben. Die Creme auf der Quarkmasse verteilen und den Kuchen weitere 30 Minuten backen.

Käsetorte mit Gitter

Für 1 Springform mit 26 cm Ø

Für den Teig
300 g Mehl
2 TL Backpulver
100 g Zucker
1 Pck. Vanillezucker
1 Prise Salz
1 Ei
2 EL Milch
150 g kalte Butter

Für die Creme
100 g gehackte Mandeln
750 g abgetropfter Quark
150 g Schmant
180 g Zucker
1 Pck. Vanillezucker
2 Eigelb
100 g Sahne
1 Pck. Mandel-Puddingpulver
3 Eiweiß

Außerdem
1 Eigelb
Puderzucker zum Bestäuben

1 Mehl und Backpulver vermischen und in eine Schüssel sieben. In die Mitte eine Vertiefung drücken. Zucker, Vanillezucker, Salz, Ei und Milch hineingeben und mit etwas Mehl vom Rand zu einem weichen Brei verrühren. Die Butter in Stücken darauf verteilen. Von der Mitte her alle Zutaten zu einem glatten Teig verkneten und diesen mindestens 30 Minuten kalt stellen.

2 Eine Springform einfetten. Ein Drittel des Teiges für das Gitter beiseite legen. Den restlichen Teig auf bemehlter Fläche ausrollen, in eine Springform legen, einen Rand hochziehen und den Boden mit einer Gabel mehrmals einstechen. Den Backofen auf 200 °C (Gas Stufe 3, Umluft 180 °C) vorheizen.

3 Die Mandeln in einer Pfanne ohne Fett goldbraun rösten. Den Quark durch ein Sieb streichen, mit Schmant, Zucker, Vanillezucker, Eigelb, Sahne, Puddingpulver und Mandeln verrühren. Eiweiß steif schlagen und unterheben.

4 Die Quarkcreme auf den Teig geben und glatt streichen. Den Kuchen in den vorgeheizten Backofen schieben und etwa 30 Minuten backen. Die Oberfläche darf nicht zu dunkel werden.

5 Den beiseite gelegten Teig in der Größe der Springform ausrollen, in 16 gleichmäßig breite Streifen schneiden und mit Eigelb bestreichen. Die Streifen auf der Quarktorte anordnen, den Kuchen wieder in den Ofen schieben und noch 15 Minuten backen. Herausnehmen, auf einem Kuchengitter auskühlen lassen und mit Puderzucker bestäuben.

Variante
Sie können das Gitter auch mit einem Zitronenguss bestreichen. Dafür 150 Gramm Puderzucker sieben und mit 2 Teelöffeln Zitronensaft verrühren.
Verquirlen Sie das Eigelb mit etwas Wasser, bevor Sie den Kuchen damit bestreichen. Dann lässt es sich leichter verteilen.

Käsetorte
mit Nussdecke

Für 1 Springform mit 26 cm Ø

Für den Teig
150 g Mehl
30 g Kakao
1 TL Backpulver
70 g Zucker
2 Eigelb
2 EL Milch
100 g kalte Butter

Für die Creme
750 g abgetropfter Quark
125 g Schmant
3 Eigelb
150 g Zucker
80 g weiche Butter
150 g Pflaumenmus
1 EL Zwetschgenwasser

Für die Nussdecke
200 g Butter
125 g Zucker
2 EL Bienenhonig
250 g gehackte Haselnüsse
2 EL Milch

Außerdem
4 EL Holunderblütensirup
(→ Seite 75)

1 Mehl, Kakao und Backpulver vermischen und in eine Schüssel sieben. In die Mitte eine Vertiefung drücken. Zucker, Eigelb und Milch hineingeben und mit etwas Mehl vom Rand zu einem weichen Brei verrühren. Die Butter in Stücken darauf verteilen und die Zutaten von der Mitte her zu einem glatten Teig verkneten. Den Teig mindestens 30 Minuten kalt stellen.

2 Eine Springform einfetten. Den Teig auf bemehlter Fläche ausrollen, in die Form geben und einen Rand hochziehen. Den Boden mit einer Gabel mehrmals einstechen.

3 Für die Creme den Quark durch ein Sieb streichen, mit Schmant, Eigelb, Zucker und Butter verrühren. Die Masse auf den Teig geben und glatt streichen. Pflaumenmus und Zwetschgenwasser verrühren und auf die Creme klecksen.

4 Den Backofen auf 200 °C (Gas Stufe 3, Umluft 180 °C) vorheizen. Für die Nussdecke in einem Topf Butter, Zucker und Honig erhitzen und einmal aufwallen lassen. Den Topf vom Herd nehmen, die Nüsse einrühren, zuletzt die Milch hinzufügen. Die Masse kalt stellen und vollständig auskühlen lassen.

5 Die Nussmasse auf die Creme geben. Den Kuchen in den vorgeheizten Backofen schieben und etwa 45 Minuten backen. Herausnehmen und mit Holunderblütensirup beträufeln. Auf einem Kuchengitter vollständig abkühlen lassen.

Variante
Anstelle von Pflaumenmus können Sie auch Aprikosenkonfitüre verwenden. Streichen Sie 200 Gramm Konfitüre durch ein Sieb und verrühren Sie sie mit 1 Esslöffel Aprikosengeist. Diese Masse auf die Creme klecksen.
Sie können die Käsetorte auch mit anderen Konfitüresorten backen, sollten jedoch darauf achten, dass sie genug Eigengeschmack hat und nicht zu süß ist.

Osterburger Käsetorte

Für 1 Springform mit 26 cm Ø

Für den Teig
300 g Mehl
20 g Hefe
50 g Zucker
1/8 l Milch
3 EL Öl
1 Ei
1 Prise Salz

Für den Belag
500 g abgetropfter Quark
1/2 l Milch
1/8 l Öl
1 Pck. Vanille-Puddingpulver
3 Eigelb
1 Ei
125 g Zucker
1 Pck. Vanillezucker
2 EL Zitronensaft
6 Aprikosen
50 g gehackte Mandeln

Außerdem
150 g Rosengelee
(→ Seite 60)

1 Das Mehl in eine Schüssel sieben, in die Mitte eine Vertiefung drücken. Die Hefe zerbröckeln, mit dem Zucker in etwas lauwarmer Milch verrühren, in die Vertiefung gießen und mit etwas Mehl vom Rand mischen. Den Vorteig zugedeckt an einem warmen Ort 20 Minuten gehen lassen.

2 Auf den Mehlrand Öl, Ei und Salz geben. Von der Mitte her die Zutaten zu einem glatten Teig verkneten, dabei die restliche Milch zugeben. Nochmals 30 Minuten gehen lassen.

3 Für den Belag den Quark durch ein Sieb streichen, Milch, Öl, Puddingpulver, Eigelb, Ei, Zucker, Vanillezucker und Zitronensaft einrühren. Die Aprikosen waschen, halbieren und entsteinen.

4 Den Backofen auf 200 °C (Gas Stufe 3, Umluft 180 °C) vorheizen. Eine Springform einfetten. Den Teig auf bemehlter Fläche ausrollen, in die Form geben, einen Rand hochziehen. Den Boden mit einer Gabel mehrmals einstechen.

5 Die Quarkmasse aufstreichen, die Aprikosen mit der Rundung nach oben darauf verteilen. Die Früchte in die Quarkmasse drücken, die Mandeln aufstreuen. Den Kuchen im vorgeheizten Backofen etwa 40 Minuten backen. Herausnehmen, auskühlen lassen. Das Gelee etwas erwärmen und die Torte damit überziehen.

Kleingebäck
fruchtig und aromatisch

Sehen sie nicht verlockend aus – die Taschen, Törtchen, Quarkstangen und Käsekissen? Sie sind klein, aber fein! Nach dem ersten Bissen mag man noch lange nicht aufhören, denn ihr Innenleben ist beachtlich. Da verbirgt sich hauchzarte, veredelte Quarkcreme neben Orangenkonfitüre und Aprikosen. Auch an Aromen wird nicht gespart: Rosinen, Mandeln, Pistazien und feine Liköre sind klassische Zutaten.

Plundertaschen

Für 10–12 Stück

Für den Teig
600 g Mehl
40 g Hefe
100 g Zucker
200 ml Milch
1 Ei
1/2 TL Salz
250 g Butter
1/2 TL abgeriebene Zitronenschale

Für die Füllung
300 g abgetropfter Quark
2 EL saure Sahne
1 Eigelb
1 TL abgeriebene Orangenschale
80 g Zucker
125 g Orangenkonfitüre

Außerdem
1 Eigelb
1 EL Milch
50 g Mandelblättchen

1 Das Mehl in eine Schüssel sieben, in die Mitte eine Vertiefung drücken. Die Hefe zerbröckeln, mit 1 Teelöffel Zucker in etwas lauwarmer Milch verrühren. Die Hefemilch in die Vertiefung gießen und mit etwas Mehl vom Rand mischen. Den Vorteig zugedeckt an einem warmen Ort 20 Minuten gehen lassen.

2 Auf dem Mehlrand restlichen Zucker, Ei, Salz, 70 Gramm Butter in Stückchen und die Zitronenschale verteilen. Von der Mitte her die Zutaten verkneten, dabei die restliche Milch zugeben. Den Teig durchkneten, bis er sich vom Schüsselboden löst. Zugedeckt 30 Minuten gehen lassen.

3 Die restliche Butter dünn zu einer Platte von 20 x 30 Zentimetern ausrollen. Kalt stellen. Den Teig auf bemehlter Fläche ausrollen, die Butterplatte in die Mitte legen, die Teigränder darüberschlagen, das Teigstück zu doppelter Größe ausrollen und dreiteilig zusammenschlagen. Den Vorgang nach Ruhepausen von jeweils 10 Minuten noch zweimal wiederholen. Schließlich aus dem ausgerollten Teig Rechtecke von 10 x 12 Zentimetern ausschneiden.

4 Den Backofen auf 200 °C (Gas Stufe 3, Umluft 180 °C) vorheizen. Den Quark durch ein Sieb streichen, mit saurer Sahne, Eigelb, Orangenschale und Zucker verrühren. In die Mitte jedes Rechtecks einen Klecks Orangenkonfitüre, darauf einen Klecks von der Quarkmasse geben. Die Teighälften übereinander klappen und zusammendrücken.

5 Eigelb und Milch verrühren, die Plundertaschen damit bestreichen. Mit Mandelblättchen bestreuen. Ein Backblech mit Backpapier auslegen, die Plundertaschen darauflegen und im vorgeheizten Backofen etwa 25 Minuten backen.

Tipp

Die Ruhepausen zwischen den einzelnen »Touren« beim Herstellen des Plunderteigs können auch ein paar Minuten länger sein, jedoch nicht kürzer.

Meißner Quarkstangen

Für 20 Stück

Für den Teig
300 g abgetropfter Quark
2 Eier
100 g Zucker
50 g weiche Butter
200 g Mehl
1 TL Backpulver
1 Prise Salz
1 TL abgeriebene Zitronenschale

Außerdem
Butterschmalz
2 EL Zucker
1 TL Zimt

1 Den Quark durch ein Sieb streichen. Eier, Zucker und Butter unterrühren. Mehl und Backpulver vermischen, sieben und mit dem Salz und der Zitronenschale untermengen. Einen glatten Teig bereiten.

2 Fingerlange Stangen formen. In einem Topf oder einer tiefen Pfanne reichlich Butterschmalz erhitzen. Die Stangen darin goldgelb ausbacken. Zucker mit Zimt mischen und die Stangen damit bestreuen.

Quarktaschen

→ Foto Seite 84/85
Für 8–10 Stück

Für den Teig
200 g abgetropfter Quark
50 g Zucker
1 Prise Salz
1 Ei
6 EL Öl
300 g Mehl
2 TL Backpulver

Für die Füllung
250 g Aprikosen
300 g abgetropfter Quark
50 g Zucker
$1/2$ TL abgeriebene Zitronenschale
1–2 EL Milch

Außerdem
150 g Puderzucker
1–2 EL Zitronensaft

1 Quark mit Zucker, Salz, Ei und Öl verrühren. Mehl mit Backpulver sieben und mit der Quarkmasse mischen. Aprikosen waschen, halbieren, entsteinen und schneiden. Quark, Zucker und Zitronenschale verrühren. Den Ofen auf 200 °C (Gas Stufe 3, Umluft 180 °C) vorheizen. Ein Blech einfetten.

2 Den Teig ausrollen. Kreise von 10 Zentimetern Durchmesser ausstechen. Jeweils eine Hälfte mit Quarkmasse und Aprikosen belegen. Die andere Teighälfte mit Milch bestreichen und darüberklappen. Auf das Blech legen, etwa 20 Minuten backen. Puderzucker sieben, mit Zitronensaft verrühren, auf Quarktaschen streichen.

Korinthenbrötchen

Für 8–10 Stück

Für den Teig
300 g Mehl
2 TL Backpulver
250 g abgetropfter Quark
50 g Zucker
1 Ei
1/2 TL abgeriebene Zitronenschale
1 Prise Salz
100 g Korinthen

Außerdem
1 Ei
50 g zerlassene Butter
Puderzucker zum Bestäuben

1 Mehl und Backpulver vermischen, in eine Schüssel sieben, in die Mitte eine Vertiefung drücken. Den Quark durch ein Sieb streichen. Mit Zucker, Ei, Zitronenschale und Salz in die Vertiefung geben. Von der Mitte her die Zutaten zu einem glatten Teig verkneten. Korinthen waschen, trockentupfen und unter den Teig kneten.

2 Den Backofen auf 200 °C (Gas Stufe 3, Umluft 180 °C) vorheizen. Ein Backblech einfetten. Aus dem Teig Brötchen formen und auf das Blech legen. Das Ei verquirlen, die Brötchen damit bestreichen und etwa 20 Minuten backen. Herausnehmen, mit Butter bepinseln und mit Puderzucker bestäuben.

Brezeln mit Mandeln

Für 8–10 Stück

Für den Teig
180 g weiche Butter
50 g Zucker
1 Pck. Vanillezucker
1 Prise Salz
2 Eier
250 g abgetropfter Quark
400 g Mehl
1 Pck. Backpulver

Außerdem
1 Ei
125 g gehackte Mandeln

1 Die Butter schaumig rühren. Zucker, Vanillezucker, Salz und Eier hinzufügen. Den Quark durch ein Sieb streichen und untermengen. Mehl und Backpulver vermischen, sieben, nach und nach zur Quarkmischung geben. Alles gut verkneten.

2 Den Backofen auf 200 °C (Gas Stufe 3, Umluft 180 °C) vorheizen, ein Blech einfetten. Aus dem Teig Brezeln formen, mit verquirltem Ei bestreichen, mit Mandeln bestreuen. Auf das Blech legen und 20 Minuten backen.

Käsehippen

Für 8 Stück

Für den Teig

100 g gemahlene Mandeln
150 g Zucker
100 ml Orangensaft
90 g Mehl
1 Eiweiß
1 Prise Salz
1/2 TL abgeriebene Orangenschale

Für die Füllung

100 g weiße Kuvertüre
3 Blatt weiße Gelatine
50 g Zitronat
50 g Orangeat
500 g abgetropfter Ricotta
100 g gehackte Pistazien
3 EL Orangensaft
2 Eier
200 g Zucker
4 EL Rum

1 Mandeln, Zucker und Orangensaft verrühren. Das Mehl auf die Masse sieben und zusammen mit Eiweiß, Salz und der Orangenschale einrühren. 30 Minuten kalt stellen. Den Backofen auf 180 °C (Gas Stufe 2–3, Umluft 160 °C) vorheizen.

2 Ein Backblech mit Backpapier auslegen. Die Hälfte der Hippenmasse kreisförmig im Durchmesser von 25 Zentimetern aufstreichen. Etwa 5 Minuten backen.

3 Den gebackenen Kreis mit einem Messer in vier Teile schneiden, vom Papier ablösen, jedes Teil sofort noch warm zu einer Tüte formen. Auskühlen lassen. Die andere Hälfte des Teiges auf die gleiche Weise backen, teilen und formen.

4 Die Kuvertüre zerkleinern, über heißem Wasserbad schmelzen. Die Tüten mit der Masse innen ausstreichen.

5 Für die Füllung die Gelatine in kaltem Wasser einweichen. Zitronat und Orangeat fein schneiden. Ricotta, Zitronat, Orangeat, Pistazien, Orangensaft, Eier und Zucker verrühren.

6 Den Rum erwärmen, die ausgedrückte Gelatine darin auflösen, unter die Ricottacreme rühren. Die Creme in einen Spritzbeutel geben und die Hippen damit füllen.

Brombeertörtchen

→ Foto Seite 84/85
Für 12 TorteletTförmchen

Für den Teig
150 g Mehl
50 g Puderzucker
1 Prise Salz
1 Pck. Vanillezucker
1 Ei
100 g kalte Butter

Für den Belag
1 kg Brombeeren
50 g Zucker
$^1/_8$ l Weißwein
1 EL Speisestärke
200 g Doppelrahm-Frischkäse
3 EL Cassis (schwarzer Johannisbeerlikör)
250 g Sahne

1 Das Mehl in eine Schüssel sieben, in die Mitte eine Vertiefung drücken. Puderzucker, Salz, Vanillezucker und Ei hineingeben. Mit etwas Mehl vom Rand vermischen. Die Butter in Stücken darauf verteilen, mit Mehl bedecken. Die Zutaten von der Mitte her zu einem glatten Teig verkneten. 30 Minuten kalt stellen.

2 Den Backofen auf 200 °C (Gas Stufe 3, Umluft 180 °C) vorheizen. Die Tortelettförmchen einfetten. Den Teig auf bemehlter Fläche ausrollen, in die Förmchen legen, mit einer Gabel mehrmals einstechen. Im vorgeheizten Backofen etwa 10 Minuten backen.

3 Die Beeren putzen. Den Zucker in einem Topf schmelzen, bis er eine hellbraune bis goldene Farbe angenommen hat, dann mit dem Wein ablöschen. Die Hälfte der Beeren hineingeben, 8 Minuten köcheln lassen. Durch ein Sieb gießen, den Saft auffangen und zurück in den Topf geben.

4 Die Speisestärke in etwas kaltem Wasser glatt rühren. Den Saft zum Kochen bringen, die Speisestärke einrühren, aufkochen lassen, dann den Topf vom Herd nehmen. Zur Seite stellen und auskühlen lassen.

5 Doppelrahm-Frischkäse mit dem Cassis verrühren. Die Sahne steif schlagen und unterheben. Die Creme auf den Törtchen verteilen und glatt streichen. Die restlichen Brombeeren darauflegen und alles mit dem Brombeergelee überziehen.

Schokoladentörtchen

→ **Foto Seite 84/85**
Für 12 Torteletteförmchen

Für den Teig
50 g gemahlene Mandeln
125 g weiche Butter
125 g Zucker
3 Eier
2 EL Milch
1 Pck. Vanillezucker
1 Prise Salz
1/2 TL gemahlene Nelken
1/2 TL Zimt
180 g Mehl
50 g Speisestärke
40 g Kakao
1 TL Backpulver

Für den Belag
1 Pck. Vanille-Puddingpulver
100 g Zucker
500 g Sahne
300 g Ricotta
3 EL Amaretto
125 g Orangenkonfitüre

Außerdem
Geraspelte Zartbitterschokolade

1 Den Backofen auf 200 °C (Gas Stufe 3, Umluft 180 °C) vorheizen. Die Mandeln in einer Pfanne ohne Fett goldbraun rösten.

2 Butter mit Zucker schaumig rühren. Eier und Milch unterrühren. Vanillezucker, Salz, Nelken und Zimt einrühren. Mehl, Speisestärke, Kakao und Backpulver vermischen, sieben, mit den Mandeln unterheben.

3 Die Torteletteförmchen einfetten und den Teig einfüllen. Die Törtchen im vorgeheizten Backofen etwa 12 Minuten backen. Herausnehmen, aus den Förmchen lösen und auf einem Kuchengitter auskühlen lassen.

4 Für den Belag das Puddingpulver mit 30 Gramm Zucker und etwas Sahne glatt rühren. Die Hälfte der Sahne zum Kochen bringen, das angerührte Puddingpulver einrühren. Die Masse einmal aufkochen lassen, dann vom Herd nehmen und auskühlen lassen. Dabei ab und zu umrühren, damit sich keine Haut bildet.

5 Pudding mit Ricotta, restlichem Zucker und Amaretto verrühren. Die restliche Sahne steif schlagen und unterheben.

6 Die Törtchen mit Orangenkonfitüre bestreichen. Die Creme in einen Spritzbeutel mit Lochtülle füllen und auf den Törtchen verteilen. Mit geraspelter Schokolade bestreuen.

Variante
Sie können den Belag variieren, indem Sie eine andere Puddingsorte nehmen, z. B. Mandel- oder Sahnepudding. Den Amaretto können Sie ebenfalls nach Ihrem Geschmack durch einen anderen Likör oder auch durch Rum ersetzen.
Anstelle von Mandeln können Sie für den Teig auch gemahlene Haselnüsse oder gemahlene Pistazien verwenden. Beachten Sie, dass man Nüsse nicht über einen längeren Zeitraum lagern kann. Sie verlieren ihr Aroma und werden ranzig. Besonders bei geöffneten Packungen ist rascher Verbrauch ratsam.

Blätterteigtörtchen

Für 12 Tortelettförmchen

Für den Teig
300 g TK-Blätterteig

Für die Creme
2 Eier
20 g Zitronat
200 g abgetropfter Quark
100 g Schmant
50 g zerlassene Butter
1 Pck. Vanillezucker
1 TL abgeriebene Zitronenschale
100 g Zucker

Außerdem
Puderzucker zum Bestäuben

1 Blätterteig auftauen. Die Eier trennen. Das Zitronat fein schneiden. Den Quark durch ein Sieb streichen und mit Eigelb, Schmant, Butter, Vanillezucker, Zitronenschale, Zitronat und Zucker verrühren. Das Eiweiß steif schlagen und unterheben.

2 Den Backofen auf 200 °C (Gas Stufe 3, Umluft 180 °C) vorheizen. Den Blätterteig ausrollen. Tortelettförmchen mit kaltem Wasser abspülen, mit Teig auslegen und die Creme daraufstreichen. 20 Minuten backen, herausnehmen, auskühlen lassen und mit Puderzucker bestäuben.

Quarktörtchen

Für 12 Tortelettförmchen

Für den Teig
200 g weiche Butter
200 g Zucker
2 Eier
1 Prise Salz
400 g Mehl
2 TL Backpulver
40 g Kakao

Für die Creme
3 Eier
300 g abgetropfter Quark
100 g zerlassene Butter
150 g Zucker
1 Pck. Vanillezucker
125 g saure Sahne
1/2 Pck. Vanille-Puddingpulver

1 Den Backofen auf 200 °C (Gas Stufe 3, Umluft 180 °C) vorheizen. Die Butter schaumig rühren. Zucker, Eier und Salz einrühren. Mehl und Backpulver vermischen, sieben, mit dem Kakao untermengen. Tortelettförmchen einfetten, den Teig hineingeben.

2 Für den Belag die Eier trennen. Den Quark durch ein Sieb streichen, Eigelb, Butter, Zucker, Vanillezucker, saure Sahne und Puddingpulver unterrühren. Das Eiweiß steif schlagen und unterheben. Die Masse in die Förmchen geben. Im vorgeheizten Backofen etwa 25 Minuten backen.

Käsekissen

Für 8–10 Stück

Für den Teig
500 g Mehl
30 g Hefe
80 g Zucker
1/4 l Milch
1 Ei
2 Eigelb
80 g weiche Butter
1 TL abgeriebene Zitronenschale

Für die Creme
3 Eier
100 g weiche Butter
100 g Zucker
300 g abgetropfter Quark
30 g Vanille-Puddingpulver
1 Prise Salz

Außerdem
300 g Aprikosen (aus der Dose)
1 Eigelb
1 EL Milch
80 g Mandelblättchen

1 Das Mehl in eine Schüssel sieben, in die Mitte eine Vertiefung drücken. Die Hefe zerbröckeln, mit 1 Teelöffel Zucker in etwas lauwarmer Milch verrühren. Die Hefemilch in die Vertiefung gießen und mit etwas Mehl vom Rand mischen. Den Vorteig zugedeckt an einem warmen Ort 20 Minuten gehen lassen.

2 Auf dem Mehlrand den restlichen Zucker, Ei, Eigelb, Butter in Stückchen und Zitronenschale verteilen. Die Zutaten von der Mitte her zu einem glatten Teig verkneten, dabei die restliche Milch zufügen. Nochmals 30 Minuten gehen lassen.

3 Für die Creme die Eier trennen. Eigelb, Butter und Zucker schaumig rühren. Den Quark durch ein Sieb streichen und mit dem Puddingpulver und dem Salz einrühren.

4 Den Backofen auf 200 °C (Gas Stufe 3, Umluft 180 °C) vorheizen. Ein Backblech einfetten. Die Aprikosen abtropfen lassen und zerkleinern. Den Teig auf bemehlter Fläche ausrollen. Quadrate von 12 x 12 Zentimetern ausschneiden. Auf jede Teighälfte etwas Creme geben und mit Aprikosenstücken bedecken. Die andere Teighälfte darüberklappen und die Ränder festdrücken.

5 Eigelb und Milch verrühren, die Käsekissen damit bestreichen und mit Mandelblättchen bestreuen. Im vorgeheizten Backofen etwa 25 Minuten backen.

Tipp

Wenn Sie frische Aprikosen für die Käsekissen verwenden, müssen Sie diese vor dem Verarbeiten häuten. Wie das ganz einfach geht, steht auf Seite 21.

Stachelbeertörtchen

Für 12 Tortelettförmchen

Für den Teig

150 g Mehl
50 g Zucker
1 Ei
1 Pck. Vanillezucker
1/2 TL abgeriebene Zitronenschale
100 g kalte Butter

Für den Belag

375 g Stachelbeeren
125 g Gelierzucker
Saft von 2 Limetten
1 Vanilleschote
500 g Ricotta
125 g Sahne
1 TL abgeriebene Limettenschale
50 g Puderzucker

1 Den Backofen auf 200 °C (Gas Stufe 3, Umluft 180 °C) vorheizen. Das Mehl in eine Schüssel sieben, in die Mitte eine Vertiefung drücken. Zucker, Ei, Vanillezucker und Zitronenschale hineingeben. Mit etwas Mehl vom Rand vermischen. Die Butter in Stücken darauf verteilen und die Masse mit Mehl bedecken. Alle Zutaten von der Mitte her zu einem glatten Teig verkneten.

2 Die Tortelettförmchen einfetten. Den Teig auf bemehlter Fläche ausrollen und in die Förmchen legen. Die Törtchen im vorgeheizten Backofen etwa 12 Minuten backen. Herausnehmen, aus den Förmchen lösen und auf einem Kuchengitter auskühlen lassen.

3 Die Stachelbeeren waschen, abtropfen lassen, mit dem Gelierzucker und dem Limettensaft mischen. Die Stachelbeeren etwas zerdrücken. Unter Rühren aufkochen lassen, 3 Minuten sprudelnd kochen, vom Herd nehmen und auskühlen lassen.

4 Die Vanilleschote aufschlitzen, das Mark herauskratzen und in eine Schüssel geben. Ricotta, Sahne, Limettenschale und Puderzucker dazugeben und alles gut verrühren.

5 Die Törtchen mit der Ricottacreme füllen. Die Stachelbeeren auf der Creme verteilen. Die Törtchen bis zum Servieren kühl stellen.

Über dieses Buch

Die Autorin
Oda Tietz ist studierte Germanistin und Journalistin. Seit über 20 Jahren liegt der Schwerpunkt ihrer Arbeit auf den Themen Essen und Trinken. Dabei sind zahlreiche höchst erfolgreiche Kochbücher entstanden. Oda Tietz lebt in Leipzig.

Der Fotograf
Karl Newedel, Münchner Fotodesigner, sammelte nach seiner Ausbildung zum Koch nationale wie internationale Erfahrung in großen Häusern, bevor er sich 1982 als freischaffender Food-Stylist einen Namen machte. Seit 1996 agiert er selbst hinter der Kamera und gibt mit seinen Fotografien zahlreichen Büchern ein unverwechselbares Gesicht.

... und noch ein Hinweis in eigener Sache

Unsere Rezepte werden von erfahrenen Fachautoren kreiert und erprobt. Wir freuen uns jedoch über Anregungen, Tipps oder Kritik und helfen bei Fragen gern weiter. Bitte wenden Sie sich an:
Weltbild Buchverlag
Steinerne Furt 67, 86167 Augsburg
oder schicken Sie uns eine E-Mail an:
Gabriele.Beck@weltbild.com

Haftungsausschluss
Die Inhalte dieses Buches sind sorgfältig recherchiert und erarbeitet worden. Dennoch kann weder die Autorin noch der Verlag für die Angaben in diesem Buch eine Haftung übernehmen.

Bildnachweis
Karl Newedel, München: alle Fotos mit folgenden Ausnahmen: Wolfgang Feiler, Karlsruhe – 13, 19, 29, 35, 41, 44, 60; MEV – 10 beide, 31 r, 89 r, 94 l; PhotoAlto, Paris (Rozenbaum & Cirou) – 9, 14 beide, 16, 18 l, 21, 24, 25 beide, 26 l, 32 beide, 36, 39 r, 42, 45 beide, 50, 54 l, 59 r, 64 l, 70, 74 l, 83 beide; PhotoDisc – 26 r, 34 l, 39 l, 54 r, 69, 77, 80 r, 90 r, 94 r

Impressum

Weltbild Buchverlag
–Originalausgaben–

Steinerne Furt 67, 86167 Augsburg
2. Auflage 2006

Projektleitung: Gerald Fiebig
Redaktion: Annette Gillich
Umschlaggestaltung und Layout: X-Design, München
DTP/Satz: Lydia Koch, Augsburg
Titelfoto: Karl Newedel, München
Reproduktion: Point of Media GmbH, Augsburg
Druck und Bindung: aprinta GmbH,
Senefelderstraße 3–11, 86650 Wemding

Gedruckt auf chlorfrei gebleichtem Papier
Printed in Germany
ISBN 3-89897-336-0

Abkürzungen

EL = Esslöffel	g = Gramm	gestr. = gestrichen	kg = Kilogramm	l = Liter
ml = Milliliter	Ø = Durchmesser	Pck. = Packung	TK = Tiefkühl	TL = Teelöffel

Rezeptverzeichnis